스테이블코인 머니리셋

스테이블코인 머니리셋

― 정구태 · 박혜진 · 김가영 · 이동기 · 김호균 · 길진세 ―

비트코인에서 시작된 궁극의 통화, 미래를 삼키다

STABLECOIN MONEY RESET

미래의창

프롤로그

2030년의 어느 월요일 아침, 서울에 사는 스타트업 창업자 이안 씨가 출근 준비를 하고 있다. 스마트폰을 켜고 밤사이 도착한 알림을 확인한다. 그중 하나는 아르헨티나 고객사가 보낸 계약금 송금 확인 메시지다. 'USDC 입금 완료'. 한때는 생소했지만, 이제는 익숙해진 이름이다. USDC는 미국의 핀테크 기업과 금융기관이 함께 만들어낸 스테이블코인이다. 달러와 가격이 똑같기 때문에 대부분의 해외 거래처가 이를 편하게 이용한다. 이 돈은 은행을 거치지 않고, 수수료도 거의 없이 단 몇 초 만에 회사의 디지털 지갑에 도착했다. 이제 지구 반대쪽 나라와 거래하더라도 실제 거래 대금을 받을 때까지 걱정하지 않아도 된다. 다음 달 나이지리아에 있는 프로그램 개발사에 보낼 용역 대금도 USDC로 지급할 생각이다.

회사는 몇 년 전부터 이익이 나기 시작해서 수익의 일부를 탈중앙 금융이라는 디파이DeFi 플랫폼에 자동 분할 송금되도록 설정해뒀다. 보수적인 성향이라 USDC 기반 예치 운용 상품을 선택했는데, 연 5% 수준의 안정적인 수익이 쌓이고 있다. 스마트 계약으로 운영되는 시스템이라 중간에서 누가 운용하는 것도 아니라서 수수료도 최소화되어 있다. 시장 상황이 바뀌면 포트폴리오가 자동으로 조정된다. 해외 핀테크 플랫폼을 통해 비트코인과 미국 주식에도 적절히 나눠서 투자하고 있다. USDC로 투자하기 때문에 환전 수수료는 물론, 해외 주식 거래 수수료도 없다.

출근길에 들른 카페에서 커피를 사며 스마트폰을 꺼내려다 만다. 매장 단말기를 쳐다보고 눈을 두 번 깜빡이자 자동으로 결제가 끝난다. 앱 화면에는 '결제 금액: 6,500 KRWS'라는 문구가 뜬다. KRWS는 국내 핀테크 기업과 유통 회사가 공동으로 발행한 KRW Stablecoin, 즉 '원화 연동 스테이블코인'이다. 지난해부터 회사는 월급을 줄 때 현금과 KRWS 중 하나를 선택할 수 있게 했다. 카드 금액도 KRWS로 낼 수 있기 때문에 직원들은 KRWS를 선호한다. 앞으로 KRWS로 공과금도 낼 수 있다고 하니 더욱 그럴 것 같다.

오후에는 대학 동창 모임에 회비를 보낼 일이 생겼다. 이제 친구들도 KRWS를 더 많이 쓴다. 연락처만 선택하면 상대의 지갑 주소로 실시간 송금이 된다. 금액, 시간, 상대방 정보가 모두 기록되고, 거래는 순식간에 끝난다.

퇴근길에는 아들이 다니는 학원에 들러 학원비를 내고 필요한 교재를 샀다. 결제 대금은 얼마 전 구청에서 받은 지역 화폐다. 지난 학기부터 지역 화폐는 KRWS로도 지급된다. 사용처, 사용 지역, 사용 시간이 정해져 있고 전통 시장에서 쓰면 캐시백까지 해주는 똑똑한 돈이다. 지난 주말에는 가족과 함께 강원도 여행을 다녀오면서 지역 특산품 매장에 들렀는데 카드 단말기가 없었다. 지문 확인만으로 KRWS 결제가 완료되기 때문이다. 구청에서 강원도 지자체와 자매결연을 맺고 딱 두 달간만 사용처를 확대해준 것이다. 노년의 상점 주인은 말했다. "예전에는 정산받는 데 며칠씩 걸리고, 종이 상품권은 거슬러주기도 불편했는데, 이건 실시간 정산되고 수수료도 거의 없어요. 멀리 서울에서 손님까지 찾아와주니 더 좋네요." 기분 좋게 리워드 쿠폰과 캐시백까지 덤으로 챙길 수 있었다.

■■■■

이런 풍경은 아직 다가오지 않았지만, 점차 현실이 되어가고 있다. 통장 대신 디지털 지갑, 현찰 대신 디지털 화폐. 우리는 자신도 모르는 사이, 어느새 '돈'이 어떤 모습이어야 한다는 고정관념에서 벗어나고 있다. 그렇다면 이 새로운 돈은 대체 무엇일까? 정부가 만들지 않아도 사람들이 믿고 쓰기 시작한다면, 그건 화폐일까, 아닐까? 코드로 조건을 걸고, 프로그램으로 이동을 제어할 수 있는 스마트 머니는 어떤 가능성과 위험을 품고 있을까? 이 책은 그런 질문에서 출발한다. 지금 우리는 화폐의 디지털화를 넘어, 신뢰와 권력의 재편이라는 훨씬 더 큰 전환점 앞에 섰다. 이 변화는 결코 느리지 않게 우리 삶에 스며들고 있다.

돈이란 무엇이고, 왜 다시 논의되어야 하는가

우리는 매일 돈을 사용한다. 출근길 카페에서 커피를 살 때도, 교통카드를 찍을 때도, 점심 식사 후 친구에게 돈을 보낼 때도 우리는 '돈'이 작동하는 구조 속에서 살아가고 있다. 이 모든 행위는 지극히 자연스럽고, 너무 익숙해서 별다른 의문 없이 지나치기 쉽다. 하지만 그 익숙함 속에는 하나의 중요한 질문이 숨어 있다. 종이에는 커피 한 잔의 온기도 없고, 스마트폰 속 숫자에는 식사 한 끼의 영양도 없다. 그럼에도 우리는 지폐를 들고 카페에 가면 음료를 받고, 스마트폰으로 송금을 끝내면 친구가 돈을 받았다고 믿는다. 사회 전체가 그것을 돈이라고 믿고 있기 때문이다. 우리는 왜 그것을 믿는가?

    이 책은 화폐의 본질에서부터 시작한다. 이 질문은 복잡한 경제 이론이 아니라, 우리가 사는 세상의 구조를 다시 묻는 것이기도 하다. 화폐의 본질은 신뢰에 있다. 하지만 그 신뢰는 시대마다, 권력 구조마다, 기술 발전에 따라 끊임없이 변해왔다. 원시사회에서 사람들은 곡물, 가축, 조개껍데기 같은 실물 자산을 주고받았다. 거래 상대방이 물리적으로 눈앞에 있어야 했고, 신뢰는 공동체 안에서 형성되었다. 시간이 지나며 교류가 많아지고, 상인들이 등장하면서 금과 은 같은 귀금속이 화폐 역할을 하기 시작했다. 특히 금은 반짝반짝 빛나고, 썩지 않고, 나누기 쉬웠으며, 무엇보다도 전 세계 누구나 가지고 싶어 했다. 하지만 금을 옮기는 일은 번거롭고 위험했다. 그래서 사람들은 금을 보관하고 대신 금 보관증을 발행하는 은행을 만들었다.

제2차 세계대전 이후 미국은 무역과 금융의 중심이 되었고, 달러를 금과 교환 가능한 화폐로 지정했다. 금 1온스당 35달러를 보장하며 전 세계에 달러를 공급했다. 미국 달러는 실물 자산과 연결된 신뢰할 수 있는 화폐로 자리 잡았다. 그러나 1971년, 미국의 닉슨 대통령은 더 이상 달러를 금으로 바꿔주지 않겠다고 선언하며 금 태환을 전격 중단했다. 전 세계의 모든 달러, 즉 화폐는 실물이 아닌 신뢰 기반의 통화로 완전히 전환되었다. 이때부터 화폐는 본질적으로 정부와 중앙은행, 금융기관의 신뢰에 의해 작동하는 구조가 되었다. 즉 '이 나라가 망하지 않는 한 이 돈은 쓸 수 있다'는 믿음이었다.

그러나 이러한 신뢰가 언제나 지켜지는 것은 아니었다. 2008년, 미국의 대형 투자은행인 리먼 브라더스가 무너지면서 전 세계 금융이 휘청였다. 세계 금융 위기로 인해 평생 성실하게 일하던 사람들이 하루아침에 직장과 노후 자금을 잃고 집까지 빼앗겼다. 사람들은 질문했다. 왜 우리가 믿었던 돈이, 평범한 우리 삶을 무너뜨리는가? 정부는 양적 완화라는 이름으로 막대한 돈을 찍어내기 시작했고, 탐욕에 찌들었던 은행도 공적 자금으로 살아남았다. 그러나 대다수의 소시민은 도움을 받지 못했다. 나눠야 할 고통은 온전히 그들의 몫이었다. 자산을 가진 사람은 더 부자가 되었고, 없는 사람은 더 가난해졌다. 그때부터 사람들은 기존 화폐 시스템에 대한 의심을 품기 시작했다. 그리고 그 틈을 파고든 새로운 제안이 등장했다. 바로 비트코인이다.

비트코인과 블록체인 그리고 스테이블코인

2009년, 사토시 나카모토라는 정체불명의 개발자가 발표한 '비트코인 백서'는 기술서이자 철학적 선언문이었다. 제목은 〈Bitcoin: A Peer-to-Peer Electronic Cash System〉. 그는 중앙은행 없이도 작동하는 디지털 화폐 실험을 실행으로 옮겼다. 누구나 열람할 수 있고, 누구도 조작할 수 없으며, 발행량도 제한된 탈중앙화 전자화폐였다. 비트코인의 핵심은 블록체인이다. 이는 일종의 공개 장부로, 전 세계 수천수만 개의 컴퓨터에 동일한 거래 기록을 저장한다. 이 구조 덕분에 누구도 혼자서 장부를 바꿀 수 없다. 즉, 신뢰를 만들기 위해 정부나 은행의 권위를 필요로 하지 않게 된 것이다.

그러나 비트코인은 실용적 한계도 분명히 존재했다. 무엇보다도 가격이 지나치게 불안정했다. 하루에도 수십 퍼센트씩 오르내리는 화폐는 일상생활에서 쓸 수 없다. 오늘 커피 한 잔 값이던 코인이 내일은 두 배가 되거나 반토막이 된다면, 그것은 더 이상 화폐라고 부르기 어렵다. 따라서 사람들은 비트코인을 실생활 속 화폐로 쓰기보다 디지털 금처럼 보유하는 일에 더 많은 관심을 두기 시작했다.

이와 같은 디지털 화폐의 한계를 극복하기 위해 등장한 것이 바로 스테이블코인이다. 스테이블코인은 비트코인이나 이더리움처럼 특정한 디지털 자산을 지칭하는 단어가 아니다. 실물화폐와 연동된 코인 전체를 통칭한다. '스테이블Stable(안정된)'이라는 이름도 이런 특성을 반영해 붙여진 것이다. 스테이블코인은 달러, 유로, 엔 같은 법정통화와 1:1로 가치를 연동하면서, 블록체인의 속도와 투명성을 결합한 디지털 화폐다. 스테이블코인의 탄생은 비트코인과 블록체인이 있었기에 가능했다. 스테이블코인의 거래는 탈중앙화된 블록체인 네트워크 위에서 이루어진다. 이 구조 덕분에 송금, 결제, 정산이 수 초 안에 이루어지며 비용도 거의 들지 않는다.

이미 기업들은 발 빠르게 움직이고 있다. 테더Tether가 발행하는 USDT는 1,500억 달러(한화 약 200조 원)를 유통하며 전 세계 스테이블코인의 60% 이상을 점유하고 있다. 최근 미국 주식시장에 상장한 서클Circle은 세계 최대 자산운용사인 블랙록BlackRock과 협력하여 USDC의 준비자산을 운용하며, 스테이블코인을 제도권 금융에 연결하고 있다. 글로벌 핀테크 기업인 페이팔Paypal도 마찬가지다. 비트코인, 이더리움 결제에 이어 자체 스테이블코인 PYUSD까지 발행하며 결제 회사에서 화폐 발행자로 진화하고 있다.

이는 단순한 기능 확장이 아니다. 화폐 발행이 더 이상 국가의 독점적 권한이 아니게 되었다는 사실을 의미한다. 지금은 누구나 디지털 지갑을 만들 수 있고, 누구나 디지털 자산, 스테이블코인을 주고받을 수 있으며, 세계 어디에서든 중개인 없이 거래가 가능하다. 이것은 화폐, 나아가 금융의 민주화이자, 신뢰 구조의 재설계이며, 권력의 분산이다. 이 변화는 기술이나 경제의 문제에 그치지 않는다. 화폐는 곧 권력이기 때문이다.

재선에 성공한 트럼프 대통령은 전임 바이든 대통령이 추진하던 '중앙은행이 발행하는 디지털 화폐', 즉 CBDC Central Bank Digital Currency에 깊은 반감을 드러냈다. 그는 정부가 통화 시스템을 완전히 통제하게 될 것을 우려하며 오히려 민간이 발행하는 스테이블코인을 지지했다. 이것은 단순한 화폐 정책의 차이가 아니라 오히려 철학의 대립이다. 하나는 신뢰는 정부가 만들어야 한다는 전통적 관점이고, 다른 하나는 신뢰는 시장과 기술이 분산적으로 만들 수 있다는 탈중앙적 철학이다. 이는 곧 관세 정책과 같이 미국 정부가 자국 우선주의를 지키는 방법이기도 하다.

유럽, 일본, 싱가포르, 홍콩 등도 디지털 화폐 제도화를 서두르고 있다. 국가가 발행하는 CBDC를 실험하면서도, 민간이 발행하는 스테이블코인을 제도 안에 수용하고 있다. 유럽은 일명 암호 자산 기본법이라고 불리는 MiCA Markets in Crypto-Assets Regulation 법안을 통해 시장을 규제하고 있으며, 일본은 스테이블코인 발행에 법적 기준을 세웠다. 싱가포르와 홍콩은 라이선스를 통해 신뢰받는 기업만 스테이블코인을 발행하도록 한다. 세계는 이제 화폐 다양성의 시대에 진입하고 있다.

디지털 화폐 전쟁과 한국의 선택

다음은 한국이다. 한국은 세계 최고 수준의 전자 결제 인프라를 갖고 있지만, 스테이블코인 제도화에 있어서는 후발 주자에 머물러 있다. 외환 규제는 엄격하고, 금융 시스템은 중앙 집중형이며, 블록체인과 디지털 자산에 대한 오해는 여전하다. 하지만 아이러니하게도 가장 많은 창작자, 스타트업, 프리랜서, 소셜 셀러들이 디지털 달러의 수요를 절감하는 나라 역시 한국이다. 한국은 이미 연간 2,000만 명에 가까운 외국인이 방문하는 나라이자 K-팝, 넷플릭스 콘텐츠, 유튜브 크리에이터를 수출하는 국가다. 디지털 경제의 다양한 지점에서 화폐의 글로벌화는 이미 현실의 문제다.

이제는 선택의 순간이다. 한국은 과연 완전한 통제 기반의 중앙은행 디지털 화폐 CBDC만을 고집할 것인가, 아니면 민간과 공공이 협력하는 유연한 금융 질서를 설계할 것인가. 스테이블코인은 단순히 새로운 코인이 아니다. 돈에 얽힌 상식, 신뢰의 구조, 사회가 작동하는 방식에 관한 새로운 제안이다. 이 책은 바로 그 선택의 순간을 돕기 위한 안내서다. 독자들이 스테이블코인이 뭔지 아는 데서 그치지 않고, 이 기술이 사회·경제·금융·정치에 어떤 지각변동을 불러올지 이해하도록 구성되었다. 끝으로 이 책은 다시금 묻는다. "2030년, 당신의 지갑 안에는 무엇이 들어 있을까?" 그 답을 찾아가는 여정이 지금 시작된다.

차례

프롤로그 4

왜 지금 스테이블코인인가

잊혀진 꿈 **방코르**와 스테이블코인의 서곡 ················ 21
조용하지만 **거대한 시작점** ································· 32
스테이블코인의 **정의**와 **종류** ······························ 47
금융 인프라를 뒤흔드는 혁신 ······························ 60

2장
기업이 만든 돈: 메타부터 테더까지

디파이, 스테이블코인의 기능에 수요를 더하다 ········· 67
메타 리브라 실패했지만 의미 있는 디지털 달러 ········· 77
테더 USDT 그림자 금융에서 글로벌 준비자산으로 ········· 84
서클 USDC 미국 정부와 가장 가까운 스테이블코인 ········· 99
리플랩스 RLUSD 고성능 블록체인 기반의 송금 특화형 실험 ········· 113
페이팔 PYUSD 결제 회사에서 스테이블코인 발행사로 ········· 120
팍소스 USDP 신뢰를 제도화한 스테이블코인의 모범생 ········· 126
바이낸스 BUSD 세계 1위 거래소의 도전과 실패 ········· 130
미국 국채 시장의 새로운 게임체인저 ········· 135

3장

세계는 지금, 스테이블코인 전쟁 중

위협인가, 기회인가? **국가별 대응 전략**	143
미국 규제와 민간이 함께 움직이는 실험실	147
유럽연합 디지털 자산을 명확한 질서 안에서 도입하다	155
홍콩, 일본, 싱가포르 라이선스를 쥐고 혁신을 조율하다	161
제3세계의 사정 생존을 위한 대체 통화	175
스테이블코인을 통한 국경 간 **송금 혁신**	183
기업형 스테이블코인 어쩌면 선택이 아니라 필수	190
한국은행: 스테이블코인은 화폐의 대체재다	200
CBDC 스테이블코인의 대항마가 될 수 있을까?	203

현금의 종말과 새로운 디지털 금융 혁명: 스테이블코인의 현실과 미래

핀테크 흥망의 역사가 보여주는 스테이블코인의 미래 ·············· 219

공존이라는 현실적 대안 ··· 232

스테이블코인이 풀어야 할 과제 ··· 243

스테이블코인과 전통 금융의 공존 ·· 249

원화 스테이블코인과 한국의 미래 ·· 257

에필로그 267

| 1장 |

왜 지금
스테이블코인인가

잊혀진 꿈 방코르와
스테이블코인의 서곡

케인스의 꿈,
국제 공용 화폐 '방코르'

제2차 세계대전 직후, 인류는 또다시 전쟁의 참혹함을 겪지 않기 위해 새로운 국제 질서를 절박하게 모색했다. 특히 전간기戰間期 동안 각국의 이기적인 통화정책과 불안정한 금본위제가 경제적 혼란을 야기하고 전쟁의 씨앗이 되었음을 반면교사 삼아, 안정적이고 지속가능한 국제경제 시스템 구축이 시대적 과제로 떠올랐다. 이 논의의 중심에는 영국의 경제학자 존 메이너드 케인스John Maynard Keynes가 있었다. 그는 금융 시스템의 안정이 평화 유지를 위한 필수 전제 조건이라고 보았으며, 특정 국가의 통화에 전 세계가 종속되는 구조적 취약성을 극복하고자 했다.

이러한 문제의식 아래, 케인스는 1944년 7월 브레턴우즈 회의에서 혁신적인 제안을 내놓았다. 바로 '국제청산동맹International Clearing Union, ICU'과 그 중심 통화인 '방코르Bancor' 계획이다. 방코르는 라틴어의 '은행Banco'과 프랑스어의 '금or'을 합성한 이름으로, 특정 국가의 통화가 아닌 국제 거래 결제를 위해서만 사용되는 초국가적 준비자산이자 계산 단위다. 각국 중앙은행은 자국 통화를 방코르로 환전하여 ICU에 예치하고, 국제무역 결제는 모두 방코르로 처리하는 방식이었다. 사실상 '글로벌 중앙은행'처럼 작동하는 ICU 내에서만 통용되는 장부상의 화폐였다. 방코르는 금이나 특정 국가의 통화에 직접 연동되지 않으며, 독립적인 가치 기준을 제공함으로써 과거 금본위제의 폐해를 막는 역할을 했다.

케인스 구상의 가장 혁신적인 핵심은 '대칭적 조정 메커니즘'에 있었다. 기존의 국제금융 질서에서는 무역수지 적자국에게만 통화 평가절하, 긴축정책 등 고통스러운 조정 책임이 집중되었다. 그러나 케인스는 만성적인 무역수지 흑자국 역시 글로벌 불균형의 원인이 될 수 있다고 보았다. 따라서 ICU가 적자국뿐만 아니라 과도한 방코르 흑자를 쌓은 국가에도 통화 평가절상, 국내 투자 확대, 수입 증대 등을 통한 조정 의무를 부과하고, 이를 이행하지 않을 시 벌금 성격의 이자를 부과하는 방안까지 구상했다. 이는 흑자국의 부를 재분배하고, 전 세계적인 수요를 진작시켜 디플레이션 압력을 완화하려는 의도였다.

케인스는 이러한 시스템을 통해 환율 변동성 최소화, 투기적 자본 이동 억제, 각국의 완전고용 정책 자율성 확보 등 '제로섬 게임'이 아닌 '포지티브섬 게임'으로 국제경제를 이끌고자 하는 명확한 비전을 품고 있었다.

그러나 케인스의 원대한 구상은 현실의 벽에 부딪혔다. 브레턴우즈 회의의 최대 승전국이자 막강한 경제력을 가진 미국은 해리 덱스터 화이트Harry Dexter White를 중심으로 자국의 입장을 관철시켰다. 당시 미국은 전 세계 금 보유량의 대부분을 차지하고 있었으며, 전쟁 특수를 통해 채무국에서 채권국으로 부상한 상태였다. 미국의 구상은 금 1온스당 35달러로 고정하고 다른 국가의 통화를 달러에 연동하는 '금환본위제Gold Exchange Standard'를 골자로 한 국제통화기금IMF과 국제부흥개발은행IBRD의 창설이었다. 결국 브레턴우즈 체제는 미국의 구상대로 수립되었고, 달러는 사실상의 기축통화 역할을 수행하게 되었다. 케인스의 방코르와 ICU는 미국의 압도적인 영향력과 각국이 자국 통화 주권을 초국가적 기구에 완전히 이양하는 것에 대한 부담감 등으로 인해, 국제금융 역사 속에서 실현되지 못한 '잊혀진 꿈'으로 남게 되었다.

비록 방코르는 실현되지 못했지만, 케인스가 제기했던 문제의식은 오늘날까지도 유효하다. 브레턴우즈 체제 붕괴(1971년 닉슨 쇼크) 이후 세계는 변동환율제 시대로 접어들었지만, 특정 국가(미국)의 통화가 기축통화 역할을 수행하는 현재의 시스템은 여전히 '트리핀 딜레마Triffin's Dilemma'와 같은 구조적 문제에 직면해 있다. 쉽게 말해, 세계에 달러를 충분히 풀려면 미국은 적자를 감수해야 하지만 그 적자가 쌓

이면 오히려 달러를 향한 신뢰가 흔들리고 마는 딜레마다. 또한 국가 간 환율 변동의 불확실성, 높은 해외 송금 비용, 금융 접근성의 불균형 등은 국경으로 나뉜 화폐 시스템이 지속적으로 초래하는 과제들이다.

케인스의 방코르는 국경과 개별 국가의 이해관계를 넘어선, 보다 보편적이고 안정적인 국제결제 시스템에 대한 열망과 같다. 이러한 그의 이상은 80여 년이 지난 지금, 전혀 다른 기술적 토대 위에서 새로운 형태로 가능성을 타진하고 있다. 바로 스테이블코인의 등장이다. 물론 스테이블코인이 방코르와 완전히 동일한 철학과 구조를 지향하는 것은 아니지만, 국경을 초월한 가치 교환의 효율성과 안정성을 추구한다는 점에서 맥을 같이한다. 두 시스템 모두 '글로벌 경제의 불안정성', '무역 및 자본 흐름의 불균형', '신뢰와 투명성의 결여'라는 오랜 문제의식에서 출발한 셈이니, 방코르는 스테이블코인의 역사적·철학적 선구자라 할 수 있다.

20세기 중반, 인류가 처음으로 '국경과 국가의 경계를 넘어서는 화폐 질서'를 진지하게 고민한 실험이 방코르였다면, 21세기의 우리는 스테이블코인이라는 새로운 실험을 통해 재차 '글로벌 화폐'의 가능성과 한계를 마주하고 있다. 방코르의 꿈은 아직 끝나지 않았다. 그 꿈의 현대적 가능성은 스테이블코인을 통해 다시 우리 앞에 펼쳐지고 있다.

국경과 화폐:
인위적 경계가 만든 그림자

케인스의 방코르가 국제금융 질서의 이상적인 청사진을 제시했음에도 현실화되지 못했던 배경에는, 이미 견고하게 자리 잡은 '국경'의 개념과 그 국경을 따라 분절된 '국가별 화폐 시스템'이 있었다. 현대사회에서 우리는 태어나면서부터 특정 국가의 국민으로 귀속되고, 그 국가가 발행한 화폐를 사용하며 살아간다. 너무나 당연하게 여겨지는 이 시스템은 과연 언제부터, 어떻게 우리의 삶에 들어와 현재의 금융 질서를 형성하게 된 것일까? 이 '자연스러워 보이는' 질서 이면에는 인류가 오랜 시간에 걸쳐 만들어온 '인위적 경계'와 그로 인한 여러 그림자가 드리워져 있다.

인류 초기, 화폐는 조개껍데기, 가축, 곡물과 같은 실물 상품의 형태를 띠었고, 이후 금, 은 등의 귀금속으로 발전했다. 이러한 상품화폐 또는 금속화폐는 그 자체로 내재적 가치를 지니며, 특정 국가의 경계를 넘어 비교적 자유롭게 통용될 수 있었다. 그러나 근대국가 시스템이 태동하면서 화폐의 성격은 점차 변모하기 시작했다. 특히 1648년 베스트팔렌 조약 이후 확립된 주권국가의 개념은 각 국가가 자국의 영토 내에서 배타적인 권력을 행사함을 의미했고, 이러한 주권의 핵심 요소 중 하나가 바로 '화폐 발행권'이었다. 국가는 세금 징수, 법률 시행, 군대 유지 등 통치행위를 위한 재정적 기반으로서 독자적인 화폐를 발행하고 통제할 필요성을 절감했다. 이렇게 탄생한 것이 바로 오늘날 우리가 사용하는 '법정화폐Fiat Money'다.

    법정화폐는 금이나 은과 같은 실물 자산에 의해 가치가 보장되는 것이 아니라, 오직 정부의 법적 강제와 사회 구성원들의 신뢰에 의해서만 가치를 지닌다. 여기에는 국가가 자국의 경제 상황에 맞춰 통화량을 조절하고 경제정책을 유연하게 펼칠 수 있다는 장점이 있다. 국경 안에서 단일 화폐의 사용은 거래의 편의성을 높이고 경제 공동체로서 국가의 정체성을 강화하는 역할도 수행한다. 그러나 이러한 국가 중심의 화폐 시스템은 국경을 넘어서는 순간, 그 빛 뒤에 숨겨진 그림자를 드러내기 시작한다. 국경으로 나뉜 수많은 종류의 명목화폐들은, 높고 거대한 탑을 쌓아 하늘에 닿으려 했던 인간들의 오만한 행동에 분노한 신이 본래 하나였던 언어를 여럿으로 분리하는 저주를 내린 바벨탑 이야기처럼 서로 다른 국가 장벽을 만들어내며 국제적인 경제 활동에 여러 가지 마찰과 비효율을 야기했다.

국가별 화폐 시스템이 낳은 마찰과 비효율

가장 직접적인 것은 거래 비용과 환율 변동 리스크다. 서로 다른 통화를 사용하는 국가 간 무역이나 투자가 이루어지려면 필연적으로 환전을 거쳐야 한다. 이 과정에서 은행이나 환전상은 매수-매도 호가의 차이Bid-Ask Spread를 통해 수수료를 얻고, 이는 고스란히 경제주체들의 비용으로 전가된다. 더 큰 문제는 환율 자체가 끊임없이 변동한다는 점이다. 수출 계약을 체결하고 대금을 수령하기까지, 혹은 해외투자 자금을 회수하기까지 환율이 불리하게 변동할 경우 예상치 못한 손실을 입을 수 있다. 이러한 환리스크를 회피하기 위해 기업들은 선물환 계약이나 통화 옵션 같은 복잡한 금융 파생 상품을 이용해야 하는데, 이는 또 다른 비용과 전문 지식을 요구한다. 특히 자본과 정보력이 부족한 중소기업이나 개인에게 이러한 부담은 더욱 크게 작용하여 국제 거래의 문턱을 높이는 요인이 된다.

국제 송금의 높은 수수료와 시간적 지연도 개인들에게 큰 불편을 초래한다. 해외 유학 중인 자녀에게 생활비를 보내거나, 외국인 노동자가 본국의 가족에게 돈을 부치는 경우를 생각해보자. 현행 국제 송금 시스템은 여러 중개 은행을 거치는 복잡한 구조Correspondent Banking Network로 인해 건당 수수료가 높고, 자금이 최종 수취인에게 도달하기까지 며칠씩 소요되는 경우가 허다하다. 세계은행World Bank 보고서에 따르면, 전 세계 평균 국제 송금 비용은 송금액의 약 6%대에 이르며, 일부 지역에서는 10%를 훌쩍 넘기도 한다. 100만 원을 송금하면 수수료만 무려 10만 원 가까이 된다는 뜻이다. 이는 매년 수천억 달러에 달하는 막대한 자금이 비효율적인 시스템 속에서 소모되고 있음을 의미하며, 특히 경제적으로 취약한 계층에게는 더욱 큰 부담으로 작용한다.

각국 정부가 자국의 경제 안정이나 특정 정책 목표 달성을 위해 자본 이동을 통제하기도 한다는 점도 문제다. 급격한 자본 유출입으로 인한 금융시장 불안을 막거나, 국내 산업을 보호하기 위한 목적 등으로 외환 거래의 종류나 금액을 제한하는 경우가 이에 해당한다. 물론 이러한 자본 통제가 단기적으로 국가 경제에 긍정적인 효과를 가져올 수는 있지만, 장기적으로는 자본의 비효율적 배분을 초래하고 글로벌 금융시장의 통합을 저해한다. 투자자들은 더 높은 수익률을 기대할 수 있는 해외시장으로의 접근이 제한될 수 있으며, 기업들은 자금 조달 비용이 상승하거나 투자 기회를 상실할 수도 있다. 이는 결국 금융시장을 파편화시키고, 경제성장의 잠재력을 제약하는 결과를 낳는다.

또, 국경과 화폐의 분리는 지정학적 불균형과 경제적 종속을 심화시키는 도구로 작용하기도 한다. 미국 달러처럼 특정 국가의 통화가 국제무역 결제와 금융거래에서 압도적인 지위를 차지하는 기축통화 시스템은 해당 국가에 막대한 경제적·정치적 영향력을 부여한다. '달러의 무기화'라는 말이 나올 정도로, 기축통화국은 자국의 금융 시스템 접근을 제한하거나 경제 제재를 가함으로써 다른 국가의 정책에 영향력을 행사할 수 있다. 반면 자국 통화의 국제적 위상이 낮은 국가들은 환율 변동에 취약하고 대외 부채 상환 부담이 큰 데다, 국제 금융시장에서 불리한 조건에 놓이는 경우가 많다. 이는 국가 간 경제적 불평등을 심화시키고, 일부 국가들을 특정 강대국의 경제권에 종속시키는 결과를 초래할 수 있다.

우리는 '국가'와 '화폐'를 너무나 당연한 한 쌍으로 여기고 있지만, 역사를 돌이켜보면 화폐의 형태와 통용 범위는 끊임없이 변화해왔다. 고대 로마제국의 화폐 데나리우스는 지중해 전역에서 통용되었고, 중세 한자동맹의 상인들은 자체적인 결제 관행을 발전시켰다. 비교적 최근의 사례로는 한자동맹의 전통이 이어지고 있는 유럽연합EU의 유로화Euro가 있다. 유로존 국가들은 각자의 통화 주권을 일부 포기하고 단일 통화인 유로를 채택함으로써 역내무역을 촉진하고 환리스크를 제거하는 등 경제적 통합의 이점을 누리고자 했다. 물론 유로존 역시 회원국 간 경제 불균형 문제 등 여러 도전에 직면하고 있지만, 이는 국경과 화폐의 고정된 결합이 결코 절대적이거나 불변의 진리가 아님을 보여주는 중요한 사례다.

스테이블코인, 인류의 보편적 열망과 기술의 만남

많은 이가 스테이블코인을 비트코인이나 이더리움 같은 디지털 자산의 일부 혹은 또 다른 투기적 자산으로 치부하곤 하지만, 그 본질과 지향점은 기존의 변동성 큰 디지털 자산들과 확연히 구분된다. 스테이블코인의 핵심은 이름에서 알 수 있듯 '가치의 안정성Stability'에 있다. 즉, 투기적 차익 실현보다는 교환의 매개, 가치의 척도, 안정적 가치 저장이라는 화폐 본연의 기능을 디지털 환경에서 구현하는 데 초점이 맞춰져 있다.

그러므로 스테이블코인의 부상은 인류의 근본적인 열망이 불러온 현상이기도 하다. 우선은 효율성과 비용 절감에 대한 갈망이다. 현재의 국제금융 시스템은 복잡한 중개 기관들의 개입으로 느리고 비효율적이며 비용 또한 높다. 스테이블코인은 블록체인의 P2P 네트워크를 활용하여 중개 과정을 단축하거나 제거함으로써 거래 시간을 분 단위에서 초 단위로 단축하고 수수료를 현저히 낮춘다. 이는 기업의 비용 절감을 넘어, 한 푼이 아쉬운 해외 노동자의 본국 송금액 낭비를 막고 소액 국제 거래를 활성화해 글로벌 경제의 효율성을 끌어올린다.

금융 접근성 확대와 포용에 대한 열망 또한 스테이블코인의 부상에 힘을 보탠다. 세계적으로 수십억 명이 여전히 은행 계좌를 보유하지 못하거나 기본적인 금융 서비스로부터 소외되어 있다. 스테이블코인은 스마트폰과 인터넷만 있다면 누구에게나 금융 서비스의 문을 열어줄 잠재력을 지닌다. 이는 전통적인 은행 인프라가 부족한 개발도상국이나 분쟁 지역의 사람들도 디지털 지갑을 통해 저축·송금·결제 등의 금융 활동을 영위할 수 있게 하며, 금융 소외 계층에게 경제적 자립의 기회를 제공함으로써 글로벌 경제의 불균형 완화에 기여한다.

거래의 투명성과 자율성에 대한 열망도 스테이블코인의 부상과 무관하지 않다. 블록체인 기술의 분산원장은 거래 기록의 위변조를 어렵게 하고 투명성을 제공한다. 더불어 P2P 기반 거래는 사용자가 자신의 자산을 직접 통제하고, 중앙화된 기관의 일방적인 검열이나 자산동결 위험으로부터 상대적으로 자유로울 수 있는 가능성을 제시한다. 물론 설계 방식과 규제 환경에 따라 제한될 수 있지만, 금융거래에 있어 더 많은 통제권과 투명성을 확보하고자 하는 욕구는 많은 이들이 공감하는 바다.

프로그래머블Programmable 머니라는 개념에도 주목할 필요가 있다. 전통적인 화폐는 단순한 가치 저장과 교환 수단의 역할에 국한되지만, 스테이블코인은 자동화 계약인 스마트 콘트랙트Smart Contract와 결합될 경우 조건부 자동 결제, 시간 기반 지불 등 다양한 논리적 기능을 내장

할 수 있는 '프로그래머블 머니'로 진화한다. 이는 실물경제 내 수많은 복잡한 거래 관계를 코드화된 계약으로 간소화하고, 투명한 조건 기반 금융 로직의 구현을 가능케 하며 신뢰 비용을 획기적으로 낮춘다.

가치의 안정성과 예측 가능성에 대한 열망 역시 스테이블코인에 쏟아지는 관심과 연결된다. 자국의 화폐가치가 불안정하고 인플레이션이 극심한 국가의 국민들에게는 미국 달러와 같은 안정적인 외국 통화가 중요한 가치 저장 수단이 되어왔다. USD에 연동된 스테이블코인은 이러한 상황에서 디지털 형태로 가치를 안정적으로 보존하고, 필요시 쉽게 다른 자산으로 교환하거나 결제에 사용할 수 있는 대안을 제공한다. 이는 자국 통화 시스템에 대한 신뢰가 낮은 지역의 주민들에게 실질적인 경제적 안정성을 부여하며, '안정적인 국제 가치 단위'의 필요성을 미시적인 차원에서 보여준다.

이처럼 스테이블코인의 부상은 기존 금융 시스템의 오랜 문제점들을 해결하고 보다 나은 가치 교환 방식을 실현하고자 하는 '인류의 보편적 열망'들이 '현대적 기술'과 결합한 결과에 가깝다. 인류는 역사적으로 더 효율적이고 편리한 교환 수단을 끊임없이 모색해왔다. 스테이블코인은 그 과정에서 국경의 마찰을 최소화하고 디지털 경제 시대에 걸맞은 유동성과 효율성을 제공하려는 시도인 것이다.

국경이 야기하는 비효율을 넘어, 더 빠르고, 더 저렴하며, 더 공정하고, 더 안정적인 방식으로 가치를 교환하고자 하는 열망. 이것이 바로 스테이블코인이 단순한 기술적 유행이 아니라 우리 시대의 금융 패러다임에 근본적인 질문을 던지며 중요성을 더해가는 이유다.

조용하지만
거대한 시작점

2025년 초, 도널드 트럼프 행정부의 재집권과 6월 이재명 대통령 시대의 개막이라는 국내외 격변의 시기에 스테이블코인은 중요한 화두로 떠올랐다. 이는 급변하는 세계 질서와 금융 패러다임의 근본적인 변화가 불러온 필연이자, 스테이블코인 부상의 첫 번째 단서이기도 하다.

달러 패권의 균열과
'신뢰' 시스템에 드리운 의문

1944년 제2차 세계대전 말기 미국 뉴햄프셔주 브레턴우즈에서 체결된 국제통화협정은 달러를 기축통화로 삼고 금 1온스를 35달러로 고정하는 금환본위제를 기반으로 한 고정환율 체제를 구축했다. 이를 통해 확립된 미국 달러의 기축통화 지위는 세계경제의 안정과 성장에 기여한 측면이 분명히 존재한다. 국제무역의 결제통화, 각국 중앙은행의 주요 외환 보유 자산으로서 달러는 글로벌 유동성의 핵심적인 역할을 수행해왔다. 그러나 영원할 것 같았던 달러의 위상은 새로운 경제 대국들의 부상, 지정학적 갈등의 격화 그리고 달러 시스템 자체의 내재적 모순 등으로 인해 과거와 같은 영향력을 유지하기 어려운 상황으로 나아가고 있다.

가장 두드러진 현상은 중국을 비롯한 신흥 경제 대국들의 부상과 국제금융 시스템 내에서의 발언권 요구다. 특히 미중 무역 갈등, 기술 패권 경쟁은 단순한 경제적 마찰을 넘어 글로벌 공급망 재편과 진영 간 대립을 심화시키고 있다. 이러한 상황에서 2022년 발발한 러시아-우크라이나 전쟁과 그에 따른 서방 국가들의 대러시아 금융 제재는 달러 패권에 대한 근본적인 질문을 던지는 결정적 계기가 되었다. 러시아 중앙은행의 해외 자산 동결이라는 초유의 조치는, 달러 및 유로화 기반 금융 시스템이 특정 국가의 정치적 판단에 따라 '무기화'될 수 있다는 현실을 전 세계에 각인시켰다. 이는 비단 러시아뿐 아니라 미국과 정치적 입장을 달리하는 여타 국가들에게 자국 자산의 안전성에 관한 심각한 우려를 불러일으켰고, 달러 중심의 금융 인프라에 대한 과도한 의존에서 벗어나려는 '탈달러화 De-Dollarization' 움직임을 가속화하는 촉매제가 되었다.

실제로 브릭스BRICS 국가들을 중심으로 자국 통화를 이용한 무역 결제 확대, 소위 '브릭스 페이BRICS Pay'라고 불리는 공동 결제 시스템 개발 그리고 디지털 루블, 디지털 위안화 같은 중앙은행 디지털 화폐 CBDC를 활용한 국제결제 실험 등 다양한 시도가 이루어지고 있다. 물론 이러한 움직임이 단기간 내에 달러의 지위를 근본적으로 위협하기는 어렵다는 것이 중론이다. 달러가 제공하는 유동성의 깊이, 금융시장의 규모, 민주주의와 법치주의가 확고하게 자리 잡은 미국에 대한 신뢰는 여전히 강력하기 때문이다. 그러나 중요한 것은 '달러가 유일무이하고 영원한 대안이 아닐 수도 있다'는 인식이 확산되는 중이며, 이는 장기적으로 국제금융 지형의 다변화를 예고하는 신호탄이라는 점이다. 이러한 지정학적 불안정성과 달러 시스템의 신뢰성 논란은 국가 차원에서 외환 보유고를 다변화하려는 움직임뿐 아니라, 개인과 기업 차원에서도 전통적인 금융 시스템을 우회할 수 있는 안전하고 효율적인 가치 이전 수단에 대한 관심을 증폭시키고 있다.

미국 달러가 누려온 기축통화로서의 경제적 이익, 즉 '과도한 특권' 역시 다른 국가들의 불만을 야기하는 요인 중 하나였다. 미국은 별다른 어려움 없이 재정 적자를 충당하고, 자국의 통화정책이 세계경제에 막대한 영향을 미치는 상황을 당연시해왔다. "달러는 우리의 통화지만, 당신들의 문제"라는 과거 미국 재무장관의 발언은 이러한 현실을 단적으로 보여준다. 이러한 불균형은 글로벌 경제의 안정성을 저해하고, 특정 국가의 경제정책에 다른 국가들이 종속되는 결과를 초래할 수 있다는 비판에 직면해왔다. 따라서 보다 중립적이고 공평한 국제

금융 시스템에 대한 요구는 어제오늘의 이야기가 아니며, 스테이블코인 같은 민간 영역의 디지털 화폐는, 비록 완전한 해결책은 아닐지라도 이러한 요구에 부응할 수 있는 하나의 가능성으로 여겨지기 시작했다.

국가 부채 위기와 명목화폐에 대한 불신 확산

지정학적 불안정성과 함께 현재 글로벌 금융 시스템을 뒤흔드는 또 다른 축은 바로 전 세계적으로 급증하는 국가 부채와 그로 인한 명목화폐 가치에 대한 신뢰 약화 문제다. 2008년 글로벌 금융 위기 이후 각국 정부는 경기 부양을 위해 막대한 규모의 양적 완화를 단행했고, 이는 전례 없는 수준의 유동성 공급과 정부 부채 증가로 이어졌다. 여기에 2020년 발발한 코로나19 팬데믹은 각국 정부의 재정지출을 더욱 확대시켜 국가 채무 규모를 임계점 수준으로 밀어 올렸다. 국제결제은행BIS이나 국제통화기금IMF의 보고서들은 이미 수년 전부터 이러한 부채 누적의 위험성을 경고해왔다.

과거에는 주로 신흥국이나 개발도상국의 문제로 여겨졌던 국가 부채 위기 가능성이 이제는 미국, 유럽연합, 일본 등 주요 선진국들에서도 심심치 않게 거론되고 있다는 점은 심각성을 더한다. 2020년대 초반까지 지속된 초저금리 환경은 이러한 부채 부담을 그나마 감당할 수 있게 만들었지만, 2022년 이후 본격화된 글로벌 인플레이션과 이에 대응하기 위한 각국 중앙은행의 급격한 금리 인상은 상황을 반전시켰다. 높아진 금리는 국가의 이자 상환 부담을 가중시키고, 재정 건전성에 대한 시장의 우려를 증폭시켰다. 당장 2023년 미국의 부채 한도 협상 과정에서 나타났던 정치적 불안정성과 국가 신용 등급 강등 가능성, 유럽 일부 국가들의 높은 부채 비율은 이러한 우려가 결코 기우가 아님을 보여주었다.

역사적으로 과도한 국가 부채는 종종 해당 국가 통화 가치의 급격한 하락, 즉 하이퍼인플레이션으로 귀결되곤 했다. 정부가 부채 상환 부담을 이기지 못하고 중앙은행을 동원해 무분별하게 화폐를 발행하여 '빚을 인플레이션으로 녹이려는' 유혹에 빠지기 쉽기 때문이다. 물론 현대의 독립적인 중앙은행 시스템하에서 이러한 극단적인 상황이 주요 선진국에서 발생할 가능성은 낮지만, 지속적인 재정 적자와 부채 누적은 결국 해당 명목화폐의 구매력 약화와 신뢰도 저하로 이어질 수밖에 없다. 최근 수년간 전 세계를 휩쓴 높은 수준의 인플레이션은 이미 많은 사람에게 자신들이 보유한 법정화폐의 가치가 생각보다 안정적이지 않다는 쓰라린 교훈을 안겨주었다.

이처럼 국가 부채 위기에 대한 우려와 명목화폐 가치 하락에 대한 불안감은 우리로 하여금 전통적인 금융 시스템과 국가가 발행한 화폐의 안전성에 대해 다시 생각하게 만들고 있다. '과연 정부와 중앙은행이 내 자산의 가치를 안정적으로 지켜줄 수 있을 것인가?'라는 근본적인 질문이 제기되는 것이다. 이러한 배경 속에서 특정 국가의 통제로

부터 상대적으로 자유롭고, 가치가 안정적으로 유지되도록 설계된 디지털 자산, 즉 스테이블코인은 매력적인 대안으로 부상하는 중이다. 특히 달러와 같이 상대적으로 안정적인 법정화폐에 가치가 연동된 스테이블코인은 자국 통화가 불안정한 국가의 국민들에게는 자산을 보호하는 수단으로, 혹은 인플레이션 헤지Hedge 수단으로 활용될 가능성을 제공한다.

트럼프 2기 행정부의 출범과 요동치는 국제 질서

이러한 변화의 흐름에 기름을 붓고, 그 방향을 더욱 예측 불가능하게 만든 결정적 변수가 바로 2025년 1월 출범한 미국의 트럼프 2기 행정부다. 1기 행정부보다 더욱 강화된 보호무역주의와 적극적 관세정책으로 대변되는 신중상주의Neo-mercantilism는 전임 바이든 행정부 시절부터 이어진 지정학적 갈등의 양상을 완전히 새로운 차원으로 증폭시키고 있다.

트럼프 행정부는 출범과 동시에 모든 수입품에 대한 보편적 기본 관세 부과를 공언하고, 특히 중국에 대해서는 초고율 관세를 부과할 수 있음을 시사하며 전 세계를 긴장시켰다. 이는 단순히 무역수지 적자를 줄이려는 경제정책을 넘어, 국제무역을 '수출은 선善, 수입은 악惡'으로 간주하는 제로섬 게임으로 바라보는 세계관의 표출일 수 있다. 이러한 강경한 관세정책은 중국 등의 경쟁국뿐만 아니라 유럽연합, 일본 그리고 한국 같은 전통적인 동맹국들까지 예외 없이 겨누고 있다. 동맹 관계를 상호 안보가 아닌, 철저한 경제적 손익계산의 대상으로 바라보는 이 접근법은 기존 동맹 체제의 근간을 흔들며 전 세계적인 불확실성을 극대화하는 중이다.

이러한 미국의 일방적인 보호무역주의는 글로벌 금융 패러다임에 몇 가지 중요한 균열을 만들어내고 있다. 우선, 글로벌 공급망이 급격하게 재편되고 마찰 비용이 증가한다. 기업들은 더 이상 안정적인 무역 규칙을 신뢰할 수 없게 되었고, 예측 불가능한 관세 폭탄을 피하기 위해 생산 기지를 이전하거나 복잡한 우회 경로를 찾아야만 하는 상황에 내몰린다. 이는 글로벌 경제 전체의 효율성을 떨어뜨리고, 최종적으로 소비자가 지불해야 하는 비용을 증가시키는 결과를 낳는다. 상황이 이러하니 기업들은 복잡한 통관 절차와 환전 비용, 환율 변동의 리스크를 최소화하며 국경을 넘나들 수 있는 효율적인 가치 이전 수단에 대한 필요성을 절감할 수밖에 없다.

'달러의 무기화'가 금융 영역을 넘어 무역 영역까지 확장되었다는 점 또한 주목할 만하다. 전임 행정부가 러시아 중앙은행 자산동결과 같은 금융 제재를 통해 달러 시스템을 무기화했다면, 트럼프 행정부는 관세와 무역을 직접적인 압박 수단으로 활용한다. 이는 전 세계 국가들에게 '미국의 정책 방향에 따라 언제든지 경제적 불이익을 당할 수 있다'는 강력한 시그널과도 같다. 즉, 미국의 정치적 변덕으로부터 자국 경제를 보호하기 위한 수단을 강구해야 한다는 절박함을 불러일으킨다.

가장 중요한 것은, 이러한 흐름이 궁극적으로 앞서 언급했던 탈달러화를 더욱 가속화시킨다는 점이다. 미국의 보호무역 장벽이 높아질수록, 국가들은 미국을 배제한 채 역내 교역을 확대하거나, 뜻이 맞는 국가들끼리 새로운 무역 블록을 형성하려는 유인을 강하게 느끼게 된다. 이러한 역내 교역에서는 자연스럽게 달러가 아닌 자국 통화나 제3의 통화를 사용한 결제 비중이 늘어날 수밖에 없다. 브라질, 러시아, 인도, 중국, 남아공으로 구성된 브릭스 국가들을 중심으로 논의되던 공동 결제 시스템이나 통화 바스켓 구상은 트럼프 행정부의 고립주의 정책 속에서 더욱 강력한 동력을 얻고 있다.

지금 세계는 바이든 행정부 시절의 금융 압박과 트럼프 2기 행정부의 무역 압박을 동시에 직면하며, 미국 중심 시스템의 일방성이 낳은 달러 의존의 위험성을 재확인하고 있다. 이러한 변화 속에서 달러 패권의 균열과 국가 부채 증가, 명목화폐 신뢰 약화가 맞물려 기존 금융 패러다임은 근본적인 도전에 직면했다. 결과적으로 스테이블코인은 이 '힘의 공백'과 '신뢰의 공백'을 메울 새로운 금융 솔루션으로 부상하며, 생존과 안정에 대한 본능적 요구에 부응하고 있다.

탈중앙화된 미래를 향한 열망:
신뢰의 분산과 개인 주권

'왜 지금, 스테이블코인인가?'라는 질문에 대한 답의 이면에는 '신뢰'

패러다임 전환에 대한 열망이 크게 자리하고 있다. 수 세기 동안 우리는 중앙화된 중개 기관에 신뢰를 집중함으로써 사회적·경제적 질서를 유지해왔다. 하지만 2008년 글로벌 금융 위기 같은 강력한 사건들은 중앙화된 신뢰 모델의 본질적인 취약성과 한계를 명백히 드러냈다. 신뢰가 소수의 강력한 주체에게 집중될 때 이는 거대한 '단일 실패 지점 Single Point of Failure'을 만들어내며, 도덕적 해이, 운영의 비효율성과 불투명성, 배제와 검열의 권력과 같은 문제들을 내포한다. 결국 지금의 경제 질서는 신뢰 기반이지만, 그 신뢰의 패러다임은 너무나 쉽게 흔들리거나 무너질 수 있다는 근본적인 인식이 확산된 것이다.

이러한 중앙화된 신뢰 모델의 한계에 직접 응답하며 등장한 것이 바로 비트코인이다. 비트코인의 창시자 사토시 나카모토가 2009년 1월 3일, 첫 번째 블록인 제네시스 블록에 "더 타임스, 2009년 1월 3일 재무장관의 은행들에 대한 두 번째 구제금융 실시 임박The Times 03/Jan/2009

```
00000000   01 00 00 00 00 00 00 00   00 00 00 00 00 00 00 00   ................
00000010   00 00 00 00 00 00 00 00   00 00 00 00 00 00 00 00   ................
00000020   00 00 00 00 3B A3 ED FD   7A 7B 12 B2 7A C7 2C 3E   ....;£íýz{.²zÇ,>
00000030   67 76 8F 61 7F C8 1B C3   88 8A 51 32 3A 9F B8 AA   gv.a.È.Ã ŠQ2:Ÿ.ª
00000040   4B 1E 5E 4A 29 AB 5F 49   FF FF 00 1D 1D AC 2B 7C   K.^J)«_Iÿÿ..¬+|
00000050   01 01 00 00 00 01 00 00   00 00 00 00 00 00 00 00   ................
00000060   00 00 00 00 00 00 00 00   00 00 00 00 00 00 00 00   ................
00000070   00 00 00 00 00 00 FF FF   FF FF 4D 04 FF FF 00 1D   ......ÿÿÿÿM.ÿÿ..
00000080   01 04 45 54 68 65 20 54   69 6D 65 73 20 30 33 2F   ..EThe Times 03/
00000090   4A 61 6E 2F 32 30 30 39   20 43 68 61 6E 63 65 6C   Jan/2009 Chancel
000000A0   6C 6F 72 20 6F 6E 20 62   72 69 6E 6B 20 6F 66 20   lor on brink of
000000B0   73 65 63 6F 6E 64 20 62   61 69 6C 6F 75 74 20 66   second bailout f
000000C0   6F 72 20 62 61 6E 6B 73   FF FF FF 01 00 F2 05       or banks ÿÿÿ..ò.
000000D0   2A 01 00 00 00 43 41 04   67 8A FD B0 FE 55 48 27   *....CA.gŠý°þUH'
000000E0   19 67 F1 A6 71 30 B7 10   5C D6 A8 28 E0 39 09 A6   .gñ¦q0·.\Ö¨(à9.¦
000000F0   79 62 E0 EA 1F 61 DE B6   49 F6 BC 3F 4C EF 38 C4   ybàê.aÞ¶Iö¼?Lï8Ä
00000100   F3 55 04 E5 1E C1 12 DE   5C 38 4D F7 BA 0B 8D 57   óU.å.Á.Þ\8M÷º..W
00000110   8A 4C 70 2B 6B F1 1D 5F   AC 00 00 00 00            ŠLp+kñ._¬....
```

비트코인 창시자는 대규모 구제금융에 반대하며, 기존 금융 시스템에 대한 불신을 드러냈다.

Chancellor on brink of second bailout for banks"이라는 신문 기사 헤드라인을 새겨넣은 것은 결코 우연이 아니다. 이는 비트코인이 기존 금융 시스템의 실패 위에서 탄생했음을 상징적으로 보여주는 선언과도 같았다.

비트코인과 그 기반 기술인 블록체인이 제시한 대안은 '신뢰의 분산'이라는 혁명적인 아이디어였다. 이는 "특정 주체를 신뢰하지 말고, 시스템 자체를 검증하라Don't Trust, Verify"라는 말로 요약될 수 있다. 블록체인은 거래 기록이 담긴 원장을 하나의 중앙 서버가 독점하는 대신 네트워크에 참여하는 다수의 컴퓨터(노드)에 복제하여 공유한다. 새로운 거래는 암호학적으로 연결되며, 다수의 참여자가 작업증명PoW(특정 작업을 강제함으로써 거래 권한을 부여하는 방법)·지분증명PoW(지분에 비례해 거래 권한을 부여하는 방법) 등 합의 알고리즘을 통해 그 진실성을 검증해야만 원장에 기록될 수 있다. 일단 기록된 데이터는 사실상 위변조가 불가능하다. 비트코인이 이를 십여 년간 증명해왔고 지금도 증명하는 중이다. 여기서 신뢰의 대상은 변덕스러운 인간이나 불투명한 기관이 아니라, 공개적으로 검증 가능하고 수학적 원리에 기반한 '코드'와 '네트워크' 그 자체다.

이러한 신뢰의 분산 개념은 이더리움의 등장과 함께 '스마트 콘트랙트Smart Contract'라는 형태로 한 단계 더 진화했다. 스마트 콘트랙트는 계약 조건을 코드로 명시하고, 특정 조건이 충족되면 해당 계약 내용이 자동으로 실행되도록 프로그래밍한 것이다. 마치 자판기와 같다. 우리는 자판기 주인이 누군지 모르지만, 동전 투입이라는 일정 조건이 충족되면 음료수가 나온다는 시스템을 신뢰한다. 스마트 콘트랙트는 이러한 자동화된 신뢰를 금융의 영역으로 확장한 것이다. 예금, 대출, 자산 교환처럼 복잡한 금융 계약들이 은행이나 증권사 같은 전통적인 중개자 없이, 블록체인상의 코드를 통해 P2P 방식으로 이루어진다. 이것이 바로 탈중앙 금융DeFi의 핵심 원리다.

물론 신뢰를 분산시킨다고 해서 모든 위험이 사라지는 것은 아니다. 오히려 새로운 형태의 위험이 등장하기도 한다. 스마트 콘트랙트 코드에 버그가 존재할 수 있고, 블록체인 네트워크 자체가 해킹 공격을 받을 수도 있으며, 탈중앙화된 시스템의 거버넌스(의사 결정) 방식은 여전히 많은 숙제를 안고 있다. 신뢰의 문제가 사라지는 것이 아니라, 그 주체와 성격이 '인간과 기관'에서 '코드와 시스템'으로 이전되는 것에 가깝다.

압도적인 장점을 지닌
탈중앙 결제 시스템

신뢰의 분산이라는 거대한 패러다임 전환은 탈중앙화된 애플리케이션들이 작동하는 데 필요한 안정적인 디지털 화폐, 즉 스테이블코인에 대한 수요를 창출하는 가장 중요한 동력으로 작용하고 있다. 사람들은 이제 '믿어야만 하는' 시스템을 넘어 '검증할 수 있는' 시스템을 원한다.

이러한 담론이 구체적인 현실의 변화로 이어지는 가장 중요한 접점은 바로 '결제Payment' 영역이다. 결제는 모든 경제활동의 시작과 끝을 잇는 혈관과도 같다. 그리고 이 혈관을 기존의 중앙화된 동맥경화 상태에서 벗어나, 막힘없이 흐르는 모세혈관 네트워크로 바꾸려는 시도, 즉 탈중앙 결제의 부상은 개인과 개인이 중개자 없이 직접 연결되는 P2P 경제의 무한한 가능성을 열어젖히고 있다.

우리가 일상적으로 사용하는 결제 시스템의 이면을 들여다보자. 결제 과정은 생각보다 훨씬 복잡하고 다층적이다. 소비자가 상점에서 카드를 긁는 단순한 행위 뒤에는 소비자의 카드 발급사, 매입사 그리고 이 둘을 연결하는 비자Visa나 마스터카드Mastercard와 같은 거대한 카드 결제 네트워크, 결제 대행사PG 등 수많은 중개 기관이 촘촘하게 얽혀 있다. 이들은 각자의 역할을 수행하며 거래의 신뢰성과 안정성을 보장하지만, 그 대가로 2~3%에 달하는 수수료를 수취한다. 게다가 실제 자금 정산이 완료되기까지는 수일이 소요된다. 이는 특히 이익률이 낮은 소상공인에게 상당한 부담으로 작용하고, 자금 흐름의 속도를 저해하는 요인이 된다. 국제결제의 경우 중개 기관의 수가 더욱 늘어나고 과정은 복잡해지며 비용과 시간까지 기하급수적으로 증가한다.

탈중앙 결제는 이처럼 복잡하게 얽힌 중개자의 사슬을 끊어내고, 가치의 이동을 A에서 B로 '직접' 전달한다는 혁신적인 아이디어에서 출발한다. 이는 마치 우리가 친구에게 현금을 건네주듯 중간 과정 없이 즉각적이고 완결된 거래를 디지털 환경에서, 그것도 전 지구적 규모로 구현하려는 시도다. 그리고 이 아이디어를 현실로 옮겨낸 기술이 바로 블록체인이다.

그러나 초기의 블록체인 기반 결제 시도는 명확한 한계에 부딪

각 화폐별 결제 시스템 비교

	법정화폐	일반 암호화폐	스테이블코인
가격 안정성	높음	낮음	높음
탈중앙성	없음	있음	종류에 따라 다름
빠른 전송 /글로벌 사용	제한적	가능	가능

했다. 비트코인이나 이더리움과 같은 1세대 디지털 자산들은 훌륭한 P2P 가치 전송 수단이었지만, 극심한 가격 변동성이라는 치명적인 약점을 지녔던 것이다. 10만 원어치 물건을 팔았는데 다음 날 그 대가로 받은 디지털 자산의 가치가 8만 원으로 떨어질 수 있는 상황에서, 어떤 상인도 마음 편히 결제를 받을 수는 없다. 상거래의 기본은 교환되는 가치의 안정성인데, 변동성이 큰 디지털 자산은 이러한 기본 전제를 충족시키지 못했다.

이 지점에서 스테이블코인이 해결사로 등판한다. 스테이블코인은 달러나 원화 같은 법정화폐에 그 가치를 고정시킴으로써, 블록체인의 탈중앙적이고 효율적인 특성은 그대로 유지하면서 가격 변동성이라는 문제를 해결했다. 즉 P2P 네트워크의 장점과 전통 화폐의 안정성을 결합한 '상업용 디지털 화폐'가 탄생한 것이다. 1 USDT는 항상 1달러의 가치를 갖도록 설계되었다. 기업과 개인은 더 이상 가치 변동에 대한 걱정 없이 상품과 서비스의 대가로 스테이블코인을 주고받을 수 있게 된다.

이처럼 안정성을 확보한 탈중앙 결제 시스템은 기존 시스템 대비 압도적인 장점을 제공한다. 첫째, 비용 절감이다. 수많은 중개 기관을 거치지 않으므로 가맹점 수수료를 1% 미만, 혹은 그보다도 훨씬 낮은 수준으로 낮출 수 있다. 둘째, 정산 속도다. 거래는 블록체인 네트워크에서 수 분 내에 최종적으로 완결되며, 판매자는 대금을 받으려 며칠씩 기다릴 필요 없이 거의 실시간으로 현금 유동성을 확보할 수 있다. 셋째, 글로벌 접근성이다. 인터넷만 연결되어 있다면 전 세계 누구와도 은행 계좌나 신용카드 없이 디지털 지갑만으로 직접 거래할 수 있다. 넷째, 24시간 운영이다. 은행 영업시간이나 공휴일과 관계없이, 1년 365일 24시간 언제나 결제가 가능하다.

탈중앙 결제의 부상은 단순히 '더 저렴하고 빠른 결제 수단'을 넘어, 중개 플랫폼의 힘이 약화되고 개인의 경제적 주권이 강화되는 'P2P 경제'라는 새로운 패러다임의 문을 열고 있다. 스테이블코인 기반의 결제는 유튜버, 웹툰 작가, 디자이너 등 크리에이터와 긱 워커들이 거대 중개 플랫폼의 높은 수수료를 줄이고 소비자로부터 직접 수입을 얻는 것을 가능하게 한다. 이는 아르헨티나의 일러스트레이터가 독일의 출판사와 스마트 콘트랙트로 직접 대금을 지급받는 것처럼, 창작자와 노동자에게 더 많은 수익이 돌아가고 진정한 의미의 글로벌 인재 시장이 형성되는 기폭제가 된다. 또한 폴리곤, 아비트럼과 같이 기존 이더리움의 속도와 수수료 문제를 해결하려는 목적에서 개발된 레이어2 솔루션의 발전으로, 블록체인 거래 수수료가 1원 미만으로 저렴해지면서 10원 단위의 초소액 결제(마이크로페이먼트)가 현실화되어,

기사 구독이나 영상 시청처럼 콘텐츠를 사용한 만큼만 비용을 지불하는 새로운 소비 모델의 등장까지 시사한다. 나아가 스마트 콘트랙트를 활용하면 해외 직구 시 구매자의 스테이블코인을 에스크로에 예치해 두는 등 개인 간 신뢰를 바탕에 둔 국경 없는 P2P 상거래와 복잡한 금융 계약의 자동화까지 가능해진다.

　복잡한 디지털 지갑 사용자 경험ux, 네트워크 확장성 문제 그리고 각국 정부의 규제 불확실성, 온/오프 램프On/Off-ramp(법정통화와 디지털 자산을 상호 교환하는 행위)의 용이성 확보 등 해결해야 할 과제들이 남아있지만, 탈중앙 결제와 P2P 경제를 향한 흐름은 이미 거스를 수 없는 대세가 되었다. 이는 단순히 비용을 절감하는 기술혁신에 그치지 않는다. 경제활동의 주도권을 거대 중개 플랫폼과 금융기관으로부터 개인에게 되돌려주려는 거대한 패러다임의 전환을 의미한다. 즉 스테이블코인은 개인의 재능과 노력이 국경이라는 장벽과 중개자의 수수료에 훼손되지 않고 온전히 보상받는, 새로운 경제 시스템을 여는 가장 현실적이고 강력한 인프라다.

스테이블코인의
정의와 종류

스테이블코인의 정의와
핵심 특징

스테이블코인은 달러나 유로 같은 특정 법정화폐, 혹은 금 같은 실물 자산의 가치에 연동Pegging되어 1코인이 항상 1달러 또는 1그램의 금처럼 일정한 가치를 유지하도록 고안되었다. 이러한 가치 안정성을 확보하기 위해 스테이블코인은 크게 두 가지 방식을 사용한다. 첫째는 담보 방식이다. 이는 발행된 스테이블코인의 가치를 보증하기 위해 그에 상응하는 실물 자산을 준비금으로 예치하는 것이다. 마치 과거 금본위제에서 지폐를 가져가면 은행이 금으로 바꿔주었듯, 담보형 스테이블

스테이블코인 유형별 비교

	담보자산	대표 예시	탈중앙성	리스크 요인
법정화폐 담보형	달러 등 법정화폐	USDT, USDC	낮음	규제, 중앙화
디지털 자산 담보형	ETH, BTC 등	DAI	높음	담보 변동성
실물 자산 담보형	금 등 실물 자산	PAXG, XAUT	낮음	실물 보관 신뢰성
알고리즘형	없음 또는 부분 담보	PRAX	높음	시스템 붕괴 가능

코인은 사용자가 1스테이블코인을 가져오면 1달러를 돌려줄 수 있는 자산을 실제로 보유함으로써 신뢰를 얻는다. 둘째는 알고리즘 방식이다. 이는 별도의 담보 자산 없이 마치 중앙은행이 통화량을 조절하여 물가를 안정시키듯, 정교하게 설계된 알고리즘이 시장 상황에 맞춰 스테이블코인의 공급량을 자동으로 늘리거나 줄여 가격을 일정하게 유지하는 방식이다.

스테이블코인이 이토록 '안정성'에 집착하는 이유는 단순 투기적 자산이 아닌, 화폐 본연의 기능을 디지털 세계에서 수행하려는 목표를 가지고 있기 때문이다. 경제학에서는 화폐가 일반적으로 세 가지 핵심 기능을 수행한다고 본다. 교환의 매개, 가치의 척도, 가치의 저장 기능이 그것이다. 스테이블코인은 이 세 가지 기능을 디지털 환경에 최적화된 형태로 구현하고 있다. 달러의 안정성과 신뢰를 블록체인의 효율성, 투명성 그리고 글로벌 접근성과 결합한 하이브리드 금융 자산인 셈이다.

담보형 스테이블코인

담보형 스테이블코인은 가장 직관적이며, 현재 시장을 지배하고 있는 방식이다. 핵심 철학은 단순하다. '발행된 모든 코인의 가치를 증명할 수 있는 실질적인 자산을 보유하고 있다.' 이 간단한 명제는 사용자에게 심리적 안정감과 신뢰를 제공하며, 스테이블코인이 실제 화폐처럼 기능할 수 있는 근간이 된다. 이 담보물이 무엇이냐에 따라 담보형 스테이블코인은 크게 법정화폐 담보, 디지털 자산 담보 그리고 실물 자산 담보 방식으로 나뉜다.

법정화폐 담보형: USDT, USDC

법정화폐 담보 방식은 가장 보편적이고 시장 규모가 큰 모델이다. USDT, USDC 등이 대표적인 예다. 이들의 작동 원리는 매우 간단하다. 사용자가 테더, 서클 등의 발행사에게 1달러를 입금하면, 발행사는 그 1달러를 은행 계좌나 신탁에 예치하고 그에 대한 영수증 개념으로 1스테이블코인을 발행하여 사용자에게 전달한다. 반대로 사용자가 1스테이블코인을 발행사에 돌려주면, 발행사는 해당 코인을 소각하고 예치된 1달러를 사용자에게 돌려준다. 이 1:1 교환 비율을 통해 스테이블코인의 가치는 항상 1달러에 가깝게 유지된다.

단순하지만 직관적인 이 모델의 핵심은 준비금Reserves이다. 발행사는 사용자들이 언제든지 상환을 요구할 것에 대비해, 발행량과 동일하거나 그 이상의 가치를 지닌 자산을 준비금으로 보유하고 있어야 한다. 이 준비금이 얼마나 안전하고 투명하게 관리되는지가 해당 스테이블코인의 신뢰도를 결정한다. 초기에는 준비금이 대부분 실제 현금으로 구성되었지만, 대규모 자금을 현금으로만 보유하는 것은 비효율적이므로 발행사들은 다양한 단기 금융 상품에 투자하여 준비금을 운용한다. 주로 미국 국채와 같이 안전성이 매우 높은 자산으로 구성되지만, 과거 일부 스테이블코인은 기업 어음Commercial Paper, CP이나 심지어 비트코인 같은 다른 디지털 자산까지 준비금에 포함시켜 리스크에 대한 우려를 낳기도 했다. 준비금의 구성이 불투명하거나 위험 자산의 비중이 높을수록, 시장에 충격이 왔을 때 스테이블코인의 가치를 방어할 능력이 떨어지게 된다.

이 때문에 시장은 발행사에 준비금 내역을 투명하게 공개하고, 공신력 있는 회계법인을 통해 정기적으로 감사를 받을 것을 요구한다. USDT는 스테이블코인의 선구자이자 가장 큰 시장점유율을 가지고 있지만, 오랫동안 준비금 구성에 대한 의혹과 불투명한 회계 처리로 인해 논란의 중심에 서 왔다. 반면 USDC의 발행사인 서클은 미국 금융 당국의 규제 틀 안에서 운영되며, 세계적인 회계법인을 통해 매달 준비금 증명 보고서를 발행하며 투명성을 강조해왔다. 이러한 신뢰 전략 덕분에 USDC는 '규제를 준수하는 안전한 스테이블코인'의 대명사로 자리 잡았다.

법정화폐 담보 모델의 가장 큰 특징은 '중앙화'되어 있다는 점이다. 명확한 운영 주체가 존재하기에 문제 발생 시 책임 소재가 분명하고, 규제 당국과의 소통이 용이하다는 것은 분명한 장점이다. 하지만 동시에 이는 치명적인 약점이 되기도 한다. 먼저, 발행사 리스크가 존재한다. 발행사가 파산하거나 해킹당할 경우 준비금의 안전을 보장할 수 없다. 검열 리스크 또한 약점으로 작용할 수 있다. 발행사는 법원이나 정부의 명령에 따라 특정 주소의 스테이블코인을 동결시킬 수 있다. 이는 자금세탁방지 등에는 효과적이지만, 탈중앙화와 검열 저항이라는 블록체인의 근본 철학과는 배치된다.

은행 리스크도 목격되고 있다. 2023년 3월, 미국의 실리콘밸리은행 SVB 파산 사태 당시, 서클이 준비금의 일부를 SVB에 예치하고 있었다는 사실이 알려지면서 USDC의 가격이 일시적으로 1달러 밑으로 떨어지는 '디페깅 De-pegging' 현상이 발생했다. 이는 스테이블코인 발행사가 아무리 건전하게 운영되어도, 전통 금융 시스템의 리스크로부터 완전히 자유로울 수 없음을 보여준 중요한 일화다. 비록 USDC는 미국 정부의 신속한 예금자 보호 조치와 서클의 적극적인 대응으로 빠르게 1달러 가치를 회복했지만, 이 사건은 중앙화된 스테이블코인의 내재적 취약성을 명백히 드러냈다.

디지털 자산 담보형: DAI

법정화폐 담보 모델의 중앙화 문제를 해결하기 위해 등장한 것이 바로 디지털 자산 담보 스테이블코인이다. 대표적인 예는 메이커다오 MakerDAO(현재 Sky로 리브랜딩)의 스테이블코인 다이DAI가 있다. 이 모델은 특정 기업이 아닌, 탈중앙화된 자율 조직DAO과 스마트 콘트랙트에 의해 운영되었다.

작동 원리는 '과잉 담보Over-collateralization'라는 개념에 기반한다. 사용자는 100달러 가치의 DAI를 발행(대출)하기 위해, 150달러 또는 그 이상의 가치를 지닌 이더리움ETH이나 다른 디지털 자산을 '볼트Vault'라는 스마트 콘트랙트에 담보로 예치해야 한다. 이렇게 실제 발행하려는 가치보다 더 많은 담보를 요구하는 이유는 담보물인 디지털 자산의 가격이 하락하더라도 DAI의 가치를 안정적으로 유지하기 위함이다. 만약 담보물의 가치가 일정 수준 이하로 떨어지면, 스마트 콘트랙트는 해당 담보물을 자동으로 시장에 강제 매각(청산)하여 DAI 대출금을 상환함으로써 시스템의 부실을 막는다.

이 방식의 가장 큰 장점은 탈중앙화되어 있다는 점이다. 특정 기업의 개입 없이 모든 과정이 스마트 콘트랙트와 코드에 의해 투명하게 실행된다. 누구나 블록체인상에서 담보물의 종류와 규모를 실시간으로 확인할 수 있으며, 특정 주체의 자의적인 자산동결이 불가능하다. 이는 검열 저항성을 중시하는 이들에게 매우 매력적인 요소다.

반면, 단점도 명확하다. 100달러를 얻기 위해 150달러를 묶어둬야 하므로 자본 효율성이 떨어진다. 일반 사용자가 담보 비율, 청산 가격

등을 이해하고 관리하기가 상대적으로 어렵고 복잡하다. 담보물에 대한 리스크도 존재한다. 실제로 2020년 3월, 코로나19로 인해 디지털 자산 시장이 폭락했을 때 이더리움 가격이 순식간에 급락하면서 메이커다오 시스템이 대규모 청산 위기를 겪기도 했다. 담보물의 가격이 너무 빠르게 떨어지면 자동 청산 시스템이 제대로 작동하지 않을 수 있다는 '블랙 스완' 리스크가 존재한다. 최근에는 메이커다오 역시 시스템의 안정성과 확장성을 위해 USDC와 같은 중앙화된 스테이블코인이나 미국 국채 등의 실물 연계 자산Real-World Asset, RWA을 담보물에 포함시키고 있다. 이는 순수한 탈중앙화를 일부 포기하는 대신 안정성을 강화하려는 현실적인 타협으로, 현대 스테이블코인 모델이 점차 하이브리드 형태로 진화하고 있음을 보여준다.

실물 자산 담보형: PAXG

법정화폐 외에 금, 부동산, 미술품 같은 실물 자산을 담보로 하는 스테이블코인도 존재한다. 가장 대표적인 예는 금을 담보로 하는 팍소스 골드PAXG다. 1 PAXG 토큰은 런던의 안전한 금고에 보관된 1트로이온스troy ounce의 실물 금에 대한 소유권을 나타낸다. 사용자는 토큰을 통해 소액으로도 쉽게 금에 투자하고, 블록체인을 통해 24시간 거래할 수 있다. USDT로 스테이블코인 시장을 거의 장악하고 있는 테더도 XAUT라는 상품을 내놓았다. 이 방식은 달러 같은 명목화폐의 인플레이션 위험을 헤지할 수 있는 수단을 제공한다는 장점이 있다. 하지만 담보물인 실물 자산의 보관, 관리 그리고 정기적인 감사 과정에서 높은 비용과 신뢰 문제가 발생할 수 있다는 한계를 가진다.

담보형 스테이블코인은 '무엇을 담보로 삼고, 그 담보를 누가 어떻게 관리하는가'에 따라 신뢰의 스펙트럼 위에 다양한 형태로 존재한다. 법정화폐 담보 모델은 사용 편의성과 안정성을 무기로 시장을 장악했지만 중앙화 리스크를 안고 있으며, 디지털 자산 담보 모델은 탈중앙화라는 이상을 추구하지만 자본 비효율성과 복잡성이라는 과제를 안고 있다. 이 두 모델의 장점을 결합하고 단점을 보완하려는 노력 속에서, 스테이블코인 시장은 규제와 혁신 사이의 팽팽한 긴장 관계를 유지하며 끊임없이 진화하고 있다.

알고리즘형 스테이블코인

알고리즘형 스테이블코인은 수요와 공급의 원리를 이용해 가격 안정을 달성한다. 예컨대 가격이 1달러보다 높을 때는 스테이블코인을 추가 발행하여 공급을 늘리고, 가격이 낮을 때는 사용자들에게 다른 토큰을 제공하며 스테이블코인을 사들이거나 소각하여 공급을 줄인다. 이때 새로 발행되는 코인으로 얻는 이익 Seigniorage 은 시스템 참여자들에게 분배된다. 이러한 모델은 이론적으로 무한한 확장성을 가질 수 있다는 점에서 '스테이블코인의 성배'로 불리기도 했지만, 시스템 전체가 '미래에도 가격이 1달러로 회복될 것'이라는 시장 참여자들의 집단적인 믿음에 의존한다는 치명적인 단점을 가졌다. 이 믿음이 깨지는 순간, 시스템은 걷잡을 수 없는 '죽음의 소용돌이Death Spiral'에 빠져들게 된다.

테라-루나 사태의 교훈

수많은 알고리즘형 스테이블코인 중, 권도형이 이끈 테라폼랩스의 '테라Terra'는 UST(알고리즘형 스테이블코인)와 LUNA(변동성 흡수 토큰)라는 두 개의 축으로 움직이는 성공적인 모델로 부상했다. 테라 시스템의 핵심은 UST와 LUNA 사이의 차익 거래Arbitrage 메커니즘이었다. UST 가격이 1달러보다 낮을 때 UST를 시스템에 보내면 1달러 가치의 LUNA를 새로 발행받을 수 있고, 반대로 UST 가격이 높을 때는 LUNA를 시스템에 보내 1 UST를 발행받는 구조였다. 이는 UST 수요 증가 시 LUNA 가격이 폭등하는 강력한 선순환을 만들었다.

그러나 UST 자체만으로는 거대한 수요를 만들 수 없었다. 테라 제국을 건설한 진짜 성장 엔진은 '앵커 프로토콜Anchor Protocol'이라는 탈중앙 금융 서비스였다. 앵커는 사용자들에게 UST를 예치하면 연 20%에 가까운, 비현실적인 고정 이자를 지급했다. 당시 시장 금리가 제로에 가까웠던 상황에서 이 고금리는 전 세계 투자자들을 끌어모았고, 수십조 원의 자금이 앵커 프로토콜로 몰려들면서 UST에 대한 인위적이고 폭발적인 수요를 창출했다. 이는 LUNA의 가격을 천정부지로 끌어올렸지만, 20%의 이자는 실제 대출이자 수익으로는 감당할 수 없는, 지속 불가능한 시한폭탄이었다.

2022년 5월 7일, 누군가의 대규모 UST 매도로 가격이 미세하게 흔들리자 비극이 시작되었다. 작은 균열은 순식간에 공포를 불러왔고, 투자자들이 앵커에서 UST를 인출하여 시장에 팔기 시작하면서 UST 가격은 곤두박질쳤다. 앞서 설명한 차익 거래 메커니즘이 작동하며, 사람들은 폭락하는 UST를 헐값에 사들여 1달러 가치의 LUNA로 교환하기 시작했다. 이 과정에서 시스템은 LUNA를 기하급수적으로 발행해야만 했고, 하루아침에 어마어마한 물량의 LUNA가 시장에 쏟아져 나오자 LUNA의 가격은 수직으로 낙하했다. LUNA 가격이 폭락하자 1 UST를 상환하기 위해 엄청난 양의 LUNA를 발행해야 했고, 이는 LUNA의 인플레이션을 더욱 가속화시키는 악순환을 만들었다.

이것이 바로 알고리즘 스테이블코인의 가장 치명적인 약점인 '죽음의 소용돌이'다. 테라폼랩스는 비트코인으로 가격 방어를 시도했지만, 패닉에 빠진 시장의 거대한 매도 압력을 이겨낼 수는 없었다. 불과 일주일 만에, 한때 50조 원을 넘나들던 LUNA의 가치는 99.99% 이상 폭락하여 사실상 0이 되었고, 1달러를 지켜야 할 UST는 0.1달러 밑으로 추락하며 완전히 붕괴했다. 하나의 거대한 제국이 먼지처럼 사라지는 데는 일주일도 채 걸리지 않았다.

테라-루나의 붕괴는 생태계 내부의 문제로 끝나지 않았다. 이는 디지털 자산 시장 전체를 뒤흔든 '리먼 브라더스 사태'와 같은 금융 붕괴 도미노 현상을 일으켰다. 테라에 과도하게 투자했거나 빌려주었던 헤지펀드 쓰리 애로우즈 캐피털3AC이 파산했고, 3AC에 거액을 빌려주었던 보이저 디지털Voyager Digital과 높은 이자를 약속했던 셀시우스 네트워크Celsius Network 등 대형 디지털 자산 대출 플랫폼들이 연이어 파

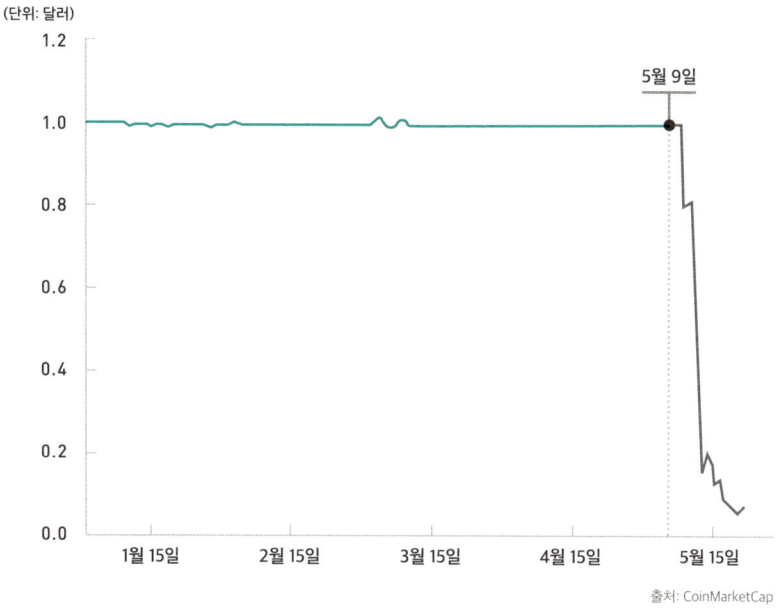

1달러 등가에 균열이 생기면서 일주일도 안 되어 0원에 도달한 테라코인 UST.

산을 신청하며 수백만 고객의 자산을 동결시켰다. 외에도 수많은 디지털 자산 관련 기업들이 유동성 위기에 빠져 구조 조정과 파산을 겪으며 2022년 하반기는 혹독한 '크립토 윈터 Crypto Winter'로 접어들었다. 이 사태는 디지털 자산 시장의 각 주체들이 얼마나 복잡하고 불투명한 신용 관계로 얽혀 있었는지, 그리고 하나의 시스템 리스크가 어떻게 생태계 전체를 무너뜨릴 수 있는지를 여실히 보여주었다.

규제의 칼날: 알고리즘형 코인에 대한 전 세계적 불신

테라-루나 사태는 전 세계 금융 규제 당국에게 강력한 경고음을 울렸다. '혁신'이라는 이름 아래 자라나던 위험 요소를 더 이상 방치할 수 없다는 공감대가 형성되었고, 각국은 스테이블코인, 특히 알고리즘형 모델에 대한 규제의 칼날을 빼 들기 시작했다.

2025년 현재, 단계적으로 시행되고 있는 유럽연합의 포괄적인 디지털 자산 규제 법안 미카MiCA는 이러한 규제 흐름의 선두에 서 있다. MiCA는 스테이블코인을 엄격하게 분류하고, 발행자가 항상 발행량에 상응하는 고품질의 유동자산으로 구성된 준비금을 보유하도록 강제하며, 순수 알고리즘 방식으로만 가치를 안정시키려는 스테이블코인의 대규모 발행 및 유통을 사실상 금지했다.

미국 역시 스테이블코인 발행사에게 은행에 준하는 규제를 적용하고 준비금을 현금이나 단기 미국 국채 같은 안전 자산으로만 1:1로 보유하도록 강제하는 내용을 담은 지니어스 법GENIUS Act을 통과시켰다. 연방준비제도Fed와 재무부, 증권거래위원회SEC 모두 무담보 알고리즘 스테이블코인의 위험성을 반복적으로 경고하며 단속을 강화하는 추세다. 테라 사태의 진원지였던 한국은 '디지털자산기본법' 제정을 통해 무담보 스테이블코인을 원칙적으로 인정하지 않는 방향으로 논의가 진행 중이다. 일본은 이미 2022년 세계 최초로 스테이블코인 규제 법안을 통과시켜, 발행 주체를 은행, 신탁회사 등으로 제한하고 전액 자산 보증을 의무화했다.

이처럼 전 세계적인 규제 컨센서스는 명확하다. 담보 없는 알고리즘형 스테이블코인은 금융 안정성을 심각하게 위협하는 위험한 실험으로 간주되며, 모든 스테이블코인은 반드시 검증 가능한 자산으로 완벽하게 담보되어야 한다는 것이다. 알고리즘형 스테이블코인은 탈중앙화와 자본 효율성이라는 이상을 좇았지만, 시장의 신뢰라는 사상누각 위에 세워진 허상임이 증명되었다. 테라-루나의 비극은 혁신이 견고한 리스크 관리와 투명한 신뢰 기반 위에서 이루어지지 않을 때 얼마나 파괴적인 결과를 낳을 수 있는지 보여주는 값비싼 교훈이다.

지니어스 법 시행으로 미국은 물론이고 전 세계 스테이블코인 시장의 판도가 바뀔 것이다. 준비금 기반 발행과 상환 의무를 명확히 규정한 이 법은, 알고리즘 기반 스테이블코인의 설 자리를 없애고 있다. 테라-루나 사태 이후 신뢰를 잃었던 알고리즘형 모델은 제도권 밖으로 밀려나며 사실상 퇴출 수순을 밟는 중이다. USDT를 운영하는 테더 또한, 미국 정부의 규제에 부합하는 새로운 형태의 담보형 스테이블코인 발행을 검토하고 있다. 이는 앞으로 법과 제도의 테두리 안에서, 무엇보다 신뢰를 확보한 스테이블코인만이 시장에 남을 수 있다는 점을 시사한다.

금융 인프라를
뒤흔드는 혁신

'화폐'로서의
파급력과 도전 과제

스테이블코인이 결제 수단을 넘어 기존 금융 인프라의 대안으로 떠오르면서, 그 파급력은 정치·경제·사회 전반으로 확산되고 있다. 이는 더 이상 기술 애호가들의 코인이 아닌, 국가의 통화 주권과 글로벌 금융 질서에 직접적인 영향을 미치는 새로운 형태의 '사적 화폐Private Money'로서의 정체성을 드러냄을 의미한다. 그러나 이 거대한 잠재력만큼이나, 스테이블코인이 주류로 나아가기 위해 넘어야 할 도전 과제 또한 산더미처럼 쌓여 있다.

디지털 달러화와 통화 주권의 위협

현재 스테이블코인 시장의 99%는 미국 달러에 가치를 연동하고 있다. 이는 의도치 않게 달러의 영향력을 전 세계로 확장시키는 '디지털 달러라이제이션Digital Dollarization' 현상을 초래한다. 아르헨티나, 터키, 나이지리아와 같이 자국 통화의 가치가 불안정하고 인플레이션이 극심한 국가의 국민들은 정부의 자본 통제를 우회하여 쉽고 저렴하게 달러 연동 스테이블코인을 구매함으로써 자산 가치를 보존한다. 이는 개인에게는 훌륭한 피난처를 제공하지만, 국가 전반적으로는 자국 통화에 대한 불신을 심화시키고 중앙은행의 통화정책 효과를 무력화시키는 결과를 낳는다. 이러한 통화 주권에 대한 우려는 비단 신흥국만의 문제가 아니다. 한국은행 역시 스테이블코인을 '화폐의 대체재'로 인식하며 통화정책 유효성 약화를 우려, 통제가 용이한 대형 은행 위주로 스테이블코인 사업이 진행되어야 한다는 강한 정책적 의지를 드러내고 있다.

미국의 입장에서도 스테이블코인은 양날의 검이다. 한편으로는 달러에 대한 세계적인 수요를 높여 달러 패권을 공고히 하는 긍정적인 측면이 있다. 그러나 다른 한편으로는, 이러한 스테이블코인 네트워크가 미국 정부나 연방준비제도의 직접적인 통제 밖에서 움직이는 '그림자 달러 시스템'을 만든다는 점에서 잠재적인 금융 안정 리스크와 통제력 상실의 우려를 낳는다.

스테이블코인 vs. 중앙은행 디지털 화폐

민간 스테이블코인의 급격한 성장에 위기감을 느낀 각국 중앙은행들은 중앙은행 디지털 화폐CBDC 개발에 박차를 가하고 있다. CBDC는 국가가 직접 발행하고 보증하여 안정성과 신뢰 측면에서 민간 스테이블코인보다 우위에 설 수 있지만, 정부의 통제 가능성과 프라이버시 침해 우려를 안고 있다. 반면 스테이블코인은 민간의 바텀업Bottom-up 방식의 혁신과 자율성을 상징하며, 개방형 블록체인 위에서 자유로운 금융 서비스 개발을 가능하게 하는 혁신의 놀이터를 제공한다.

이러한 '혁신의 놀이터'라는 특성 때문에, 스테이블코인 생태계의 미래는 누가 주도권을 갖느냐에 따라 모습이 완전히 달라질 수 있다. 진정한 금융 혁신은 중앙은행의 통제 아래 놓인 기존 은행권의 독점이 아닌, 역동적인 민간 시장의 경쟁 속에서 피어난다. 만약 스테이블코인 발행과 유통을 소수의 대형 은행이 독식하게 된다면, 그들은 기존 비즈니스 모델을 잠식할 파괴적 혁신보다는 현상 유지를 위한 점진적 개선에 머무를 가능성이 높다. 결국 스테이블코인이 가진 잠재력을 온전히 꽃피우기 위해서는 특정 주체의 독점을 경계하고, 핀테크 스타트업부터 탈중앙화 프로토콜에 이르기까지 다양한 민간 플레이어들이 공정하게 경쟁하며 상호작용할 수 있는 생태계를 조성하는 것이 무엇보다 중요하다. 미래 화폐의 모습은 정부가 추구하는 '안정성과 통제'와 시장이 요구하는 '혁신과 자유' 사이의 치열한 힘겨루기 속에서 결정될 것이다.

넘어야 할 도전 과제들

혁신적인 잠재력에도 불구하고, 스테이블코인이 널리 통용되는 '화폐'로 거듭나기 위해서는 수많은 도전 과제를 넘어야 한다. 가장 높고 험준한 산은 규제의 불확실성이다. 2025년 기준, 세계적으로 스테이블코인에 대한 규제 체계는 여전히 파편화되어 있고 완성되지 않은 상태다. 각국 정부는 '혁신 촉진'과 '금융 안정 및 소비자 보호'라는 두 마리 토끼를 잡기 위해 발행 주체 자격, 준비금 규제, 감독 책임, 자금세탁방지AML 등 핵심 쟁점들을 두고 고심하고 있다. 유럽연합의 MiCA 법과 미국의 지니어스 법이 전 세계 규제 시작의 신호탄을 쏘아 올렸지만, 여전히 한국을 비롯한 후발 주자들은 법제화는커녕 제대로 된 논의조차 못 하고 있는 실정이다.

기술적 리스크와 보안 문제도 여전한 이슈다. 스테이블코인이 구동되는 스마트 콘트랙트 코드의 취약점이나, 여러 블록체인 네트워크를 연결하는 브리지 기술의 해킹 위험은 대중의 신뢰를 잃게 할 수 있다. 상호 운용성 문제도 여전한 숙제로, 파편화된 스테이블코인을 하나의 네트워크처럼 자유롭게 주고받기 위한 기술적 확보가 필수적이다. 비트코인의 탄생 이래 꾸준히 지적받는 불친절한 사용자 경험 문제 역시 획기적인 개선이 필요하다. 복잡한 지갑 주소나 개인 키 관리 부담 등은 대중화의 가장 큰 걸림돌이므로, 사용자로부터 기술적 복잡성을 완전히 숨겨주는 직관적이고 안전한 UX 개발이 요구된다. 마지막 도전 과제는 시장 신뢰의 문제다. 테라-루나 사태의 트라우마가 깊게 남아 있고 담보형 스테이블코인조차 외부 충격에 흔들릴 수 있다는 사실이 증명된 만큼, 발행사들은 준비금 투명성 확보와 공신력 있는 감사를 통해 끊임없는 신뢰를 구축해야 한다.

필연적 미래,
그러나 예상되는 가시밭길

스테이블코인이 열어젖힌 혁신의 문은 이미 되돌릴 수 없을 만큼 활짝 열렸다. 전통 금융 시스템의 비효율과 불균형을 해결할 수 있는 강력한 잠재력은 명백하며, 디지털 시대의 새로운 금융 인프라를 향한 수요는 계속해서 커져갈 것이다. 스테이블코인이 가져올 경제적·사회적 변화의 규모는 예측하기 어려울 정도로 크다. 비효율적인 결제 시스템에서 낭비되던 수천억 달러의 비용이 절감되고, 국경 없는 P2P 경제가 활성화되며, 금융 시스템에서 소외되었던 수십억 명이 경제활동의 주체로 참여하게 될 것이다. 이는 인류의 복지와 경제적 자유를 한 단계 끌어올릴 수 있는 문명사적 기회이기도 하다.

조용하지만 거대한 흐름이었던 스테이블코인은 이제 전 세계 중앙은행과 정부 그리고 초대형 금융기관들이 외면할 수 없는 핵심 화두가 되었다. 이 치열한 논의와 혁신의 과정 속에서, 우리는 돈의 미래 그리고 금융의 미래가 새롭게 쓰이는 역사적인 순간을 목격하고 있다.

| 2장 |

기업이 만든 돈:
메타부터 테더까지

디파이, 스테이블코인의 기능에 수요를 더하다

디지털 자산 생태계의 기축통화, 스테이블코인

스테이블코인은 법정화폐와 연동되기 때문에 시세 변동이 거의 없어, 직접적인 투자 수단으로는 적합하지 않다. 그럼에도 불구하고 오늘날 전 세계 디지털 자산 시장에서 큰 반향을 일으킬 수 있었던 이유는 크게 세 가지로 요약된다. 첫째는 해외 암호화폐 거래소 이용을 위한 송금 수단, 둘째는 디파이의 확산이다. 마지막으로는 결제, 송금, 투자 등 금융 수단으로서의 활용이다.

해외 거래소를 이용할 때는 국내 거래소처럼 원화를 직접 충전할 수 없기에, 보통은 국내 거래소에서 코인을 매수한 뒤 해외 거래소의 지갑으로 전송하는 방식이 사용된다. 과거에는 전송 속도가 빠르고 수수료가 저렴한 리플XRP이 주로 활용되었지만, 리플을 매수하고 전송한 뒤 다시 매도해 테더USDT로 바꾸는 과정에서의 거래 비용이 적지 않았다. 다행히 2024년부터 국내 주요 거래소에서도 테더 거래가 가능해지면서 중간 매개체 없이 곧바로 테더를 매수해 해외 거래소로 전송할 수 있게 되었고, 그만큼 이용자들의 비용과 번거로움이 줄어들었다.

그렇다면 국내 사용자들은 왜 수수료를 감당하면서까지 해외 거래소를 이용하는 것일까? 이유는 간단하다. 해외 거래소에는 국내에서 제공하지 않는 상품과 서비스가 많기 때문이다. 국내에서는 자산 보호 및 금융 소비자 보호를 위한 규제로 인해 마진거래, 선물거래, 상장 전 투자IEO, 코인 예치 등 다양한 고위험 거래를 제한하고 있다. 반면 해외 거래소는 이 같은 제약이 없어 상품군이 훨씬 다양하다. 국내 거래소가 취급 품목이 제한적인 동네 슈퍼마켓이라면 해외 거래소는 다양한 상품이 진열된 글로벌 백화점에 가깝다. 그리고 이 글로벌 백화점의 공용 결제 수단이 바로 스테이블코인이다. 따라서 스테이블코인은 단순히 안정된 가치를 가진 '비투자용 자산'이 아니라, 글로벌 디지털 자산 시장으로 진입하기 위한 관문이자 거래의 매개 역할을 하는 핵심 인프라인 셈이다.

디파이의 폭발적 성장에
날개 단 스테이블코인

다음으로는 탈중앙화 금융으로 일컬어지는 디파이Decentralized Finance, DeFi를 살펴보자. 사실 스테이블코인이 오늘날처럼 자리 잡는 데는 해외거래소보다 디파이의 등장이 훨씬 더 결정적인 역할을 했다. 디지털 자산에 투자해본 사람이라면 한 번쯤 '디파이'라는 용어를 들어보았을 것이다. 쉽게 말하자면 은행에 돈을 맡기고, 빌리고, 바꾸는 일을 컴퓨터 프로그램이 자동으로 해주는 시스템이다. 실제 은행에서는 직원들이 우리의 돈을 관리해주지만, 디파이에서는 블록체인과 스마트 콘트랙트라는 기술이 이러한 업무를 대신해준다.

우리가 은행에서 사용하는 다양한 상품들이 디파이에도 마찬가지로 존재한다. 코인을 예치하고 이자를 받는 '스테이킹Staking', 담보를 맡기고 코인을 빌리는 '렌딩Lending', 내가 가진 코인을 다른 코인으로 교환하는 '스왑Swap' 등의 서비스가 대표적이다. 최근에는 이보다 더 복잡하고 정교한 서비스들이 등장하고 있지만, 디파이의 근간은 이 세 가지 기능에서 출발했다고 보아도 무방하다. 디파이 시장은 이제 디지털 자산 전체의 트렌드를 주도하는 핵심 축으로 자리 잡았다. 2018년부터 다양한 디파이 프로젝트들이 경쟁적으로 등장하면서 생태계는 빠르게 고도화되었고, 이후 대체 불가능 토큰Non-Fungible Token, NFT이나 P2EPlay-to-Earn 게임 등 블록체인 기반의 다양한 응용 서비스들이 디파이와 결합되면서 시장 규모는 폭발적으로 성장했다.

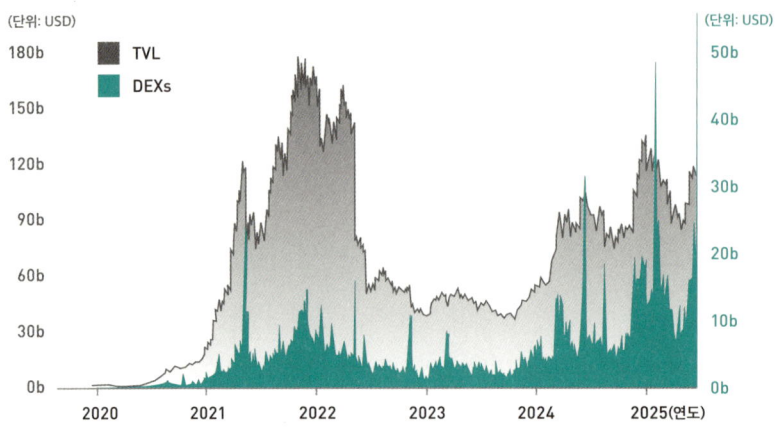

디파이의 총예치자산TVL과 거래량 추이를 나타낸 그래프. 트럼프 대통령의 재집권 이후 상승세를 확인할 수 있다.

출처: 디파이라마DefiLlama

    디파이 정보 플랫폼인 디파이라마DeFiLlama에 따르면, 2025년 6월 기준 디파이의 총예치자산Total Value Locked, TVL은 1,130억 달러(한화 약 155조 원)에 달한다. TVL은 다양한 디파이 서비스를 이용하기 위해 사용자들이 예치한 총자산의 규모를 의미하며, 디파이 생태계의 크기를 나타내는 핵심 지표로도 사용된다. 우리나라 은행에 사람들이 얼마나 많은 돈을 저축했는지 살펴보는 것과 비슷하다. 한때 이 수치는 최고 1,730억 달러(한화 약 240조 원)를 기록했으나, 시장 침체와 함께 줄었다가 최근 트럼프 2기 행정부의 출범과 함께 디지털 자산에 대한 관심이 확산되면서 다시 상승세를 보이고 있다.

    하지만 디파이가 작동하기 위해서는 반드시 연료가 필요하다. 그것이 바로 스테이블코인이다. 디파이 서비스는 국경 없이 전 세계 사용자들이 접근하는 탈중앙화된 시스템이므로, 시세 변동이 없고 누구나 동일하게 가치를 인정할 수 있는 기축통화 역할의 자산이 필요하기 때문이다. 디파이가 등장하기 전까지는 스테이블코인의 필요성이 지금처럼 크지 않았다. 2017년까지만 해도 디지털 자산 시장에서는 초기 코인 공개Initial Coin Offering, ICO, 즉 거래소 상장 전 코인을 비트코인이나 이더리움으로 미리 구매하는 선투자 방식이 유행했다. 그러나 비트코인과 이더리움의 가격이 지속적으로 상승하면서 투자자들이 이를 '투자 수단'이 아닌 '보유 자산'으로 전환하게 된다. 때마침 2018년부터 디파이 서비스들이 등장하면서 스테이블코인의 수요는 폭발적으로 증가했다. 비트코인이나 이더리움을 계속 보유하면서도 디파이 생태계를 활용하고 싶었던 투자자들은, 이 코인들을 담보로 맡기고 스테이블코인을 빌리는 방식을 택했다. 이처럼 '담보 → 대출 → 재활용'의 구조가 만들어지면서 스테이블코인은 디파이의 핵심 자산으로 자리 잡았다.

대표적인 사례가 바로 앞서 언급한 메이커다오(현 Sky)다. 메이커다오는 사용자가 이더리움이나 비트코인을 담보로 예치하면 달러에 연동된 스테이블코인인 다이DAI를 발행해주는 구조다. 사용자는 DAI를 다른 디파이 서비스에서 사용할 수 있고, 이후 DAI를 반납하면 담보를 되찾게 된다. 중개자 없이 시스템이 자산을 발행하고, 유동성 공급자들은 DAI를 예치함으로써 이자 수익을 얻는다. 자동화된 선순환 구조가 DAI 중심으로 작동한 셈이다. DAI는 디파이의 초기 모델로 빠르게 점유율을 높였고, 2025년 초에는 전체 스테이블코인 중 시가총액 3위, 약 53억 달러(한화 약 7조 3,000억 원)에 달하는 규모를 자랑하기도 했다.

코인을 예치하고 이자를 받는 행위인 스테이킹Staking은 많은 디파이 투자자에게 수익을 안겨주는 시스템이다. 블록체인 네트워크 운영에 참여한 대가로 보상을 얻어가는 것이다. 디파이 생태계는 여기서 한 걸음 더 나아가, 담보로 맡긴 자산에 대해서도 이자 수익을 제공하는 구조로 발전했다 대표적으로는 스테이킹된 이더리움을 의미하는 stETH나 Reth와 같은 '리퀴드 스테이킹 토큰Liquid Staking Token, LST'을 담보로 대출을 받으면서도 스테이킹 수익은 유지할 수 있는 서비스 등이 있다. 전통 금융에 빗대자면 일종의 파생 상품인 셈이다. 자산을 예치, 즉 '잠가두지' 않고도 이자 수익과 대출을 더해 재투자를 구현하는 것이다.

다만 이처럼 개별 디파이 생태계를 위해 만들어진 스테이블코인은 사용성과 범용성 측면에서는 한계가 있다. 모두가 '달러와 1:1로 연동된다'고 주장하지만, 디지털 자산 시장 전체에서 진정한 기축통화로 통용되기 위해서는 시장의 신뢰, 거래소 채택률, 유동성 확보 등 다방면의 조건을 충족해야 한다. 현재까지 그 기준을 가장 안정적으로 만족시키고 있는 건 USDT와 USDC 같은 스테이블코인이다. 코인을 직접 발행하는 테더나 서클처럼 중앙화된 기관이 존재하면서 디파이에서도 폭넓게 사용된다는 특징이 있다. 반면 DAI 같은 디파이 서비스 자체를 위한 스테이블코인은 여전히 중요하게 쓰이긴 하나, 그 자체만으로 글로벌한 기축통화로 발돋움하기에는 제한적이라는 평가도 나온다.

테더의 USDT,
8년간 1,000배 성장

디파이 서비스가 늘어나면서 다양한 달러 기반 스테이블코인이 만들어졌지만, 그중 빠르게 시장을 점유해간 것은 테더가 발행한 USDT였다. 2017년 당시 1억 5,000만 달러(한화 약 2,060억 원)에 불과했던 테더의 시가총액은 2025년 5월을 기준으로 약 1,500억 달러(한화 약 200조 원)에 달한다. 8년간 시가총액이 무려 1,000배나 증가한 셈이다.

서클이 발행하는 스테이블코인 USDC는 이미 USDT가 독점하다시피 한 시장에서 후발 주자로 나섰음에도 빠르게 시장을 점유했다. USDC의 시가총액은 2018년 당시 3억 달러(한화 약 4,100억 원)였지만 현재는 616억 달러(한화 약 85조 원) 이상이다. 스테이블코인 중에서는 2위, 전체 코인 중에서는 6위에 해당할 정도로 규모가 커졌다.

두 스테이블코인의 시가총액이 폭발적으로 증가한 데도 역시 디파이의 성장이 영향을 미쳤다. 세계 곳곳에 분포된 디지털 자산 투자자들은 다양한 디파이 서비스를 통합적으로 이용하기 위한 기축통화를 필요로 했는데, 그 역할을 USDT와 USDC가 해낸 것이다. 디파이 사용자가 늘어나자 곧 중앙화 거래소에서도 USDT를 비롯한 스테이블코인을 거래할 수 있도록 상장하기 시작했다.

그렇다면 어떤 디파이 서비스에서 USDT와 USDC가 쓰일까? 우선은 탈중앙화 거래소DEX다. 일반적인 투자자들은 글로벌 거래소인 바이낸스를 비롯해 코인베이스, 업비트, 빗썸 등의 중앙화 거래소Centralized Exchange, CEX에서 코인을 거래한다. 이러한 중앙화 거래소는 기업이 운영하기 때문에 상장 및 상장폐지, 거래쌍Trading Pair 관리, 고객확인KYC 절차 등을 수행하는 중앙 관리자가 존재한다. 반면 DEX는 말 그대로 탈중앙화된 구조로 중개자 없이 스마트 콘트랙트를 통해 사용자 간 직접 거래가 이뤄지는 플랫폼이다. 대표적인 DEX로는 이더리움 기반의 유니스왑Uniswap, BNB 체인의 팬케이크스왑PancakeSwap 등이 있다.

가령 유망한 팀이 새로운 A코인을 발행했다고 가정해보자. 중앙화 거래소에 상장하려면 적잖은 시간과 비용을 들여야 한다. 그러므로 일단은 DEX에서 A코인과 여러 다른 코인을 교환할 수 있도록 유동성 풀을 만들어둔다. 그러면 A코인에 투자하고 싶은 투자자들이 스테이블코인을 A코인과 교환하는 방식으로 투자하게 된다. 물론 이더리움을 비롯한 다른 코인으로 거래를 할 수도 있지만, 시세 변동이나 코인 전송시간 등을 고려하면 스테이블코인이 더 안전한 선택이다.

대출·차입을 지원하는 렌딩Lending & Borrowing 플랫폼에서도 스테이블코인은 유용하다. 렌딩 플랫폼에서 사용자는 디지털 자산을 담보로 맡기고, 그 담보 가치에 비례하는 스테이블코인을 대출받을 수 있다. 즉 비트코인이나 이더리움을 담보로 예치하고 그에 상응하는 DAI, USDT, USDC 등을 대출받아 다른 투자에 활용하는 구조다. 반대로 스테이블코인을 보유한 사용자는 이를 플랫폼에 예치해 이자 수익을 얻을 수 있다. 탈중앙화된 예금 수단처럼 작동하는 것이다.

이러한 렌딩 프로토콜의 성장은 스테이블코인의 수요와 활용처를 폭발적으로 늘리는 계기가 되었다. 투자자들이 담보대출을 통해 자산을 유동화하거나 레버리지를 일으키는 수단으로 스테이블코인을 활용하면서, 스테이블코인은 단순한 거래용 자산이 아닌 디파이의 핵심 유틸리티 자산으로 자리 잡았다. 예치 → 대출 → 재투자 구조가 반복되며 스테이블코인의 순환과 유통량이 자연스럽게 증가했고, 이는 전체 디파이 생태계 성장의 촉매제가 되었다.

체인 간 자산 이전을 지원하는 브리지Bridge도 빼놓을 수 없다. 스테이블코인은 서로 다른 블록체인 간 자산을 이전할 때도 널리 활용된다. 예컨대 USDT는 이더리움 블록체인을 기반으로 발행되었기 때문에 USDT를 보유한 사용자가 트론이나 바이낸스 스마트 체인BSC에서 디파이 서비스를 이용하고 싶다 해도 USDT를 즉각 사용할 수 없다. 이더리움과 트론, BSC는 각각 독립된 블록체인 네트워크라 자산 전송이 불가능하기 때문이다. 이때 브리지 서비스를 이용하면 USDT를 보유한 사용자에게 동일한 가치의 토큰을 발행해줌으로써 체인 간 자산 이동이 가능해진다. 이렇게 브리지를 거친 USDT는 유니스왑, 팬케이크스왑 등의 이더리움, BSC 기반 디파이에서 사용될 수 있다.

USDT는 애초 이더리움에서 발행되었지만 현재는 다양한 체인으로 확대함으로써 신속성과 확장성을 확보했다. 이처럼 스테이블코인은 체인 간 유동성을 연결하는 데 최선의 노력을 기울이고 있다. 브리지를 통한 이동성은 투자자들이 다양한 체인의 디파이 환경을 넘나들며 활용도를 높이는 데 기여하며, 동시에 스테이블코인이 디지털 자산 생태계의 공용 화폐로 자리 잡는 데 중요한 기반이 되어준다.

상위 스테이블코인 시가총액

	스테이블코인	발행사	시가총액
1위	USDT	테더 Tether	약 1,554억 달러
2위	USDC	서클 Circle	약 616억 달러
3위	USDS	스카이 Sky	약 69억 달러
4위	USDe	에테나 랩스 Ethena Labs	약 53억 3,000만 달러
5위	DAI	스카이 Sky	약 36억 4,000만 달러
6위	USD1	월드 리버티 파이낸셜 World Liberty Financial	약 22억 1,000만 달러
7위	FDUSD	퍼스트디지털트러스트 First Digital Trust	약 14억 5,000만 달러
8위	PAXG	팍소스 Paxos	약 9억 4,000만 달러
9위	PYUSD	페이팔 PayPal	약 8억 5,300만 달러
10위	XAUT	테더 Tether	약 8억 2,800만 달러

2025년 6월 기준
데이터 출처: CoinGecko

STABLECOIN

메타 리브라
실패했지만 의미 있는 디지털 달러

메타Meta로 사명을 바꾼 페이스북이 스테이블코인 프로젝트를 출범한 것은 2019년이다. 당시는 CBDC조차 제대로 논의되지 않았던, 꽤나 이른 시기였다. 사실 1세대 블록체인인 비트코인이 2009년, 2세대인 이더리움이 2014년 등장했고 대중적으로 디지털 자산 투자가 이루어진 것은 2017년부터이기에 글로벌 빅테크 기업인 메타가 블록체인과 디지털 자산이 앞으로 불러올 영향력을 모르지는 않았을 것이다. 그러나 이처럼 빠르게 스테이블코인 사업에 손을 대리라고는 누구도 예상하지 못했다. 게다가 메타가 공개한 청사진이 어느 정도 구체화된 상태였기에 시장은 더욱 큰 놀라움을 표했다.

국경 없는 디지털 은행을 꿈꾼
마크 저커버그

메타(당시 페이스북)가 내놓은 첫 스테이블코인은 리브라Libra로, 스테이블코인이 기업의 글로벌 결제 인프라로서 주목받게 된 대표적 사례로 꼽히기도 한다. 당시 페이스북은 전 세계 20억 명 이상의 페이스북 사용자를 기반으로 기존 금융 시스템을 우회하는 탈중앙 디지털 결제 네트워크를 구축하겠다는 담대한 비전을 제시했다.

기존 스테이블코인과 다른 점은 USDT 등이 달러와 연동되는 반면 리브라는 달러, 유로, 엔, 파운드 등 주요 법정화폐 바스켓을 기반으로 한 다중 통화 스테이블코인으로 기획되었다는 점이다. 게다가 기존 은행 계좌가 없어도 누구나 스마트폰만 있다면 리브라를 통해 송금·결제·저축이 가능하도록 설계되었다. 가격 변동성을 낮게 유지하기 위해 페이스북이 리브라에 대해 언제든 실물 통화와 교환해줄 준비가 되어 있다는 것을 알리기도 했다. 일반적으로 은행의 경우 부분 준비지급금 제도를 활용하여 예금 총액의 일부만 준비하는 데 반해, 페이스북은 100% 지급 준비를 채택한다는 방침이었다.

페이스북은 이 프로젝트를 위해 리브라 협회Libra Association라는 독립 컨소시엄을 스위스에 설립했으며 마스터카드, 비자, 우버, 리프트, 페이팔, 코인베이스 등 글로벌 대기업들을 초기 회원으로 참여시켰다.

나아가 페이스북은 자체 개발한 디지털 지갑 칼리브라Calibra를 통해 사용자들이 리브라를 보관하고 전송하며, 왓츠앱 등의 자체 메시

민간 기업이 주도한 '국경 없는 디지털 중앙은행'의 시도는 미국 정부의 강력한 반대에 부딪혀 좌초하고 말았다. 하지만 2019년이 아니라 2025년 현재라면 결과가 달라졌을 수도 있다.

징 앱과 연동된 간편 송금 서비스를 이용할 수 있도록 만들 계획이었다. 즉, 리브라는 글로벌 사용자 기반, 결제 네트워크, 자체 지갑 시스템, 기업연합을 모두 갖춘 사실상의 '국경 없는 디지털 중앙은행'에 가까웠다.

디지털 자산에 대한 대중의 인식을 바꾸다

이전까지 디지털 자산을 둘러싼 인식은 코인들의 급격한 시세 변동과 투기성 등의 자극적인 특징에 집중되어 있었다. 때문에 빅테크 기업이 주도하는 거대 디지털 화폐 프로젝트는 곧장 세간의 주목을 샀다. 디지털 자산 전반에 대한 일반인들의 심리적 허들을 낮추는 역할을 해 낼 것으로 기대되었기 때문이다. 아울러 글로벌 은행이나 대형 IT 기업이 전 세계에서 쓰이는 자체 디지털 자산을 도입하는 사업에 대해 보다 전향적인 태도를 보일 가능성도 커졌다.

물론 이 시기에도 코인 투자자들은 USDT를 비롯한 스테이블코인을 활용해 다양한 거래소를 이용하고 있었고, 디파이 서비스 역시 활발하게 운영 중이었기에 법정화폐와 연동되는 디지털 자산 자체에는 익숙했다. 그러나 전 세계 유수의 대기업들이 참여하는 대형 프로젝트라는 점, 기존에 운영하던 서비스에 디지털 화폐를 도입하기 위한 시도라는 특징이 시장의 관심을 모았다. 리브라의 파트너사가 늘어날수록 송금 및 결제 시장은 크게 변화할 것이기 때문이다. 특히 송금 서비스가 낙후된 국가와 지역에서는 수수료와 환전 비용 절감이 상당할 것으로 예상되어, 리브라가 정식 출시된다면 서비스가 자리 잡기까지는 시간이 얼마 걸리지 않을 것이라는 관측도 나왔다.

정부의 강력한 제재, 실패로 막을 내린 도전

미국을 포함한 주요국 정부와 중앙은행들이 강하게 반발한 이유도 여기에 있었다. 특히 달러 패권을 위협할 수 있다는 지적이 거세졌고, 금융 안정성과 자금세탁방지, 통화 주권 침해 우려 등 다양한 규제 장벽에 직면하면서 프로젝트는 막다른 길에 몰렸다. 실제로 해당 프로젝트가 공개된 것은 2019년 6월이었는데, 얼마 지나지 않은 7월 미국 민주당 하원 의원들이 '금융 시스템에 커다란 위험이 없을 때까지는 리브라 프로젝트를 중단해달라'는 내용의 서한을 공식적으로 보내기도 했다. 엎친 데 덮친 격으로 미국 연방거래위원회FTC는 개인정보보호법 위반 등을 이유로 페이스북에 50억 달러(한화 약 5조 8,895억 원)의 벌금을 물리기도 했다.

예상보다 훨씬 큰 반발이 지속되자 마크 저커버그 메타 CEO는 마약 거래 등 악용에 대한 미국 정부의 우려가 불식될 때까지 리브라 출시를 연기하겠다고 발표했다. 그러나 같은 달 미국 상·하원 금융서비스위원회는 리브라 프로젝트에 관한 청문회를 열었다. 이 청문회에는 당시 페이스북 최고암호화폐경영자CCO이자 전 페이팔 회장인 데이비드 마커스David Marcus가 참석해 답변했다.

청문회의 집중적인 논지는 크게 세 가지로 나뉘었다. 첫째는 사용자의 데이터와 프라이버시 보호 여부, 둘째는 범죄 및 리브라 프로젝트 실패 시 소비자를 보호할 수 있는 정책 유무, 셋째는 자금세탁방지법과 은행 보안규정 준수 여부였다. 특히 페이스북은 20억 명 이상이 사용하는 글로벌 서비스인 만큼 이전부터 프라이버시 보호 문제가 끊임없이 제기되어왔다. 이전에도 사용자 데이터 유출로 벌금을 문 적이 있었고, 사용자 비밀번호를 저장한 사례와 페이스북 계정 5,000만 개가 해킹당한 사건 등의 논란이 이어지기도 했다. 개인 데이터와 프라이버시도 제대로 보호하지 못하는 마당에 회원들의 자산을 안전하게 보관할 수 있겠냐는 지적이 나오는 것은 당연했다. 리브라 발행에 따른 사회적인 파급력은 크지만, 이에 대비할 수 있는 높은 수준의 보안을 갖췄는지는 입증하지 못했기 때문이다. 다른 디지털 자산과 비슷한 문제를 안고 있기도 했다. 바로 손쉬운 전송이 가능한 만큼 범죄에도 쉽게 악용될 수 있다는 점이다.

청문회를 거치며 이러한 문제를 지적받은 메타는 프로젝트를 수차례 수정했고, 결국 다중 통화 기반에서 달러 연동의 단일 법정화폐 기반 스테이블코인으로 방향을 틀었으며 프로젝트명도 '디엠Diem'으로 교체하기에 이르렀다. 리브라 협회도 미국 내 규제에 순응하려는 시도로 구조를 재편했다. 그러나 시장으로부터 잃은 신뢰는 다시 회복되지 못했다. 주요 파트너 기업들이 하나둘씩 이탈했고, 결국 2022년 메타는 디엠 프로젝트를 공식적으로 종료했다. 이후 2025년에 이르기까지 메타는 새로운 디지털 자산 관련 사업에 손대지 않고 있다.

테크 기업의 민간 통화 발행 가능성을 엿보다

비록 실패로 끝났지만, 리브라는 스테이블코인이 결제 수단을 넘어 통화 주권, 글로벌 금융 인프라, 데이터 주권까지 위협할 수 있음을 실증적으로 보여준 사례였다. 기술 기업이 자체 스테이블코인을 통해 사실상의 '사설 통화'를 발행하려 한 첫 시도였고, 이는 각국 정부로 하여금 스테이블코인 규제 및 중앙은행 디지털 화폐 도입 논의를 가속화하는 계기가 되었다. 이후 미국에서는 스테이블코인에 대한 명확한 규제 체계를 만들기 위한 입법이 본격화되었고, 유럽연합은 2023년

MiCA 법안을 통과시켜 스테이블코인 발행사 및 준비금에 대한 요건, 시장 감시체계 등을 정립했다. 각국 중앙은행들도 CBDC 실험과 연구를 대폭 강화하면서, '디지털 통화는 정부만의 영역'이라는 전통적 인식에도 균열이 생기기 시작했다.

테더 USDT
그림자 금융에서 글로벌 준비자산으로

USDT는 현재 전 세계에서 가장 많이 쓰이는 스테이블코인이자, 가장 논란이 많은 스테이블코인이기도 하다. 2025년 6월 기준 시가총액은 약 1,500억 달러(한화 약 200조 원)로, 전체 스테이블코인 시장의 절반 이상을 차지하며 압도적인 1위를 유지하고 있다. 테더는 미국 달러와 연동된 USDT뿐만 아니라 EURT(유로), XAUT(금), MXNT(멕시코 페소), CNHT(중국 위안화) 등 다섯 가지 종류의 스테이블코인을 발행하고 있다. 이 중 99%를 USDT가 차지하며 스테이블코인 시장을 주도하는 중이다. 다만 테더는 그 명성에 비해 누가, 언제, 왜 만들었고 어떻게 스테이블코인 시장에서 성공할 수 있었는지에 대한 분석이 전무하다시피 하다. 지금부터 테더의 탄생과 성장을 짚어보도록 하자.

1 USDT = 1 USD,
진정한 스테이블코인의 탄생

USDT는 2014년 말 디지털 자산 기업가인 브록 피어스Brock Pierce, 리브 콜린스Reeve Collins, 크레이그 셀라스Craig Sellars 등이 설립한 테더 리미티드Tether Limited에서 발행되었다. 브록 피어스는 디지털 자산의 초창기부터 활동해온 사업가로 이미 시장의 생태를 파악하고 있는 인물이었다. 디즈니 아역 배우 출신으로 빠르게 사회 활동을 시작했던 그는 성인이 된 2000년대부터는 연예계를 떠나 IT와 디지털 콘텐츠 사업에 뛰어들었다. 2000년대 초, 그는 온라인 게임 내 자산인 게임 머니, 아이템 등을 실물화폐로 사고팔 수 있는 IGEInternet Gaming Entertainment를 설립한다. 이는 훗날 NFT나 메타버스 경제의 개념적 토대가 된 선구적 실험이었다. 뒤이어 그는 게임 정보 플랫폼 ZAM 네트워크도 공동 설립하며 연쇄 창업가의 면모를 보였다.

본격적으로 디지털 자산 시장에 입문한 것은 2013년이었다. 그는 비트코인 재단Bitcoin Foundation의 이사로 활동하며 커뮤니티를 지원했고, 2014년에는 USDT의 전신인 리얼코인Realcoin을 공동 창업했다. 이외에도 블록체인 캐피털Blockchain Capital의 공동 창업자와 이오스EOS의 고문으로 활동했고, 마운트곡스Mt.Gox 청산 프로젝트에 참여하는 등 주요 디지털 자산 프로젝트에 직접 발을 담갔다. 2020년 미국 대통령 선거에는 무소속으로 출마하기도 했다. 그는 디지털 경제, 탈중앙화 거버넌스, 기술 기반 복지 제도 등을 공약으로 제시하며 '디지털 자산 정치

최대 거래소 바이낸스의 부상으로 수혜를 입은 테더는 압도적인 점유율과 시가총액으로 현재 1위 스테이블코인 자리를 지키고 있다. 하지만 미국 정부의 견제가 점점 심해지고 있어, 미래가 낙관적이지만은 않은 상태다.

인'이라는 별칭을 얻었다.

  리얼코인은 2015년부터 현재의 이름인 USDT로 리브랜딩되었다. 발행 목적은 명확했다. 당시 비트코인이나 알트코인은 가격 변동성이 극심했기 때문에 거래의 기본단위로 쓰이기에는 어려움이 있었고, 법정화폐를 디지털 자산 거래소로 입출금하는 과정은 시간이 오래 걸리는 데다 규제에 취약했기 때문이다. USDT는 이런 불편을 해소하기 위해 블록체인에서 실시간 전송이 가능한 '디지털 달러'를 구현하겠다는 취지로 출범했다. '1 USDT = 1 USD'의 가치를 유지하며 실물 달러의 편리함과 코인의 전송속도를 결합한, 새로운 디지털 자산이자 진정한 스테이블코인이었던 셈이다. 실제로 대부분의 초기 투자자는 코인을 한 거래소에서 다른 거래소로 옮기기 위한 수단으로 USDT를 사용했다. 발행 목적과 실제 사용처가 명확히 일치한 것이다.

세계 최대 코인 거래소, 바이낸스의 기축통화가 된 USDT

USDT가 스테이블코인 중 1위로 올라선 데는 글로벌 최대 코인 거래소인 바이낸스의 역할이 결정적이었다. 2017년에 설립된 바이낸스는 리투아니아에 유한책임회사 형태로 등록되어 있긴 하지만, 특정 국가에 본사를 두지 않고 운영되는 독특한 구조를 가졌다. 이 때문에 창립 이후 규제 당국의 도전을 받으며 여러 차례 본사 이전을 시도했고, 현재는 여러 지역에 분산된 사무소를 운영하고 있다. 이러한 특징 때문에 전통적인 은행 계좌와의 연동이 불가능했으며, 그를 대체할 안정적인 디지털 자산으로 스테이블코인의 필요성이 대두되었다. 바이낸스는 스테이블코인 시장이 태동하던 초창기부터 USDT를 전략적으로 채택, 거의 모든 주요 디지털 자산의 거래쌍으로 활용하며 거래소 내 유동성의 핵심 축으로 삼았다. 이는 USDT의 초기 시장점유율 확대에 중요한 발판이 되었다.

바이낸스는 경쟁 거래소들과 차별화된 전략으로 빠르게 시장을 장악했다. 다른 거래소들이 신규 코인 상장에 신중한 태도를 보일 때,

본사라는 개념이 불명확한 바이낸스는 눈치를 볼 필요가 없어 다양한 알트코인을 적극적으로 상장하며 투자자들에게 폭넓은 선택지를 제공했다. 또한 선물거래, 마진거래, 상장 전 투자 기회인 런치패드, 스테이킹, 디파이 관련 서비스까지 포괄하는 다각화된 금융 상품을 선보였다. 이러한 혁신적인 서비스들은 전 세계 코인 투자자들을 끌어모았고, 바이낸스는 설립 3년도 채 되지 않은 2020년경 글로벌 거래량 기준 업계 1위 거래소로 도약했다. 이 과정에서 바이낸스 거래소 내 거래쌍의 약 60% 이상이 USDT 기반으로 구성되었으며, 이는 USDT의 시장 지배력을 강화하는 데 중요한 역할을 했다.

거래쌍이란 두 자산 간의 교환 비율을 나타내는 단위다. 가령 'BTC/USDT'는 USDT로 비트코인을 매매하는 거래, 'ETH/BTC'는 비트코인으로 이더리움을 사고파는 거래를 뜻한다. 따라서 60% 이상이 USDT 기반이라는 이야기는 USDT가 사실상 거래소의 기축 코인 역할을 한다는 의미다. USDT가 바이낸스 생태계에서 거래 수단을 넘어 비트코인, 이더리움 그리고 기타 주요 디지털 자산의 가치를 측정하는 '기준 통화'로 자리 잡은 것이다. 이는 마치 전통 금융시장에서 미국 달러가 기축통화 역할을 하는 것과 유사한 현상이었다.

바이낸스의 글로벌 거래량 점유율이 50%를 상회하는 압도적인 수준에 이르자 USDT는 자연스럽게 글로벌 디지털 자산 시장의 유동성 중심에 서게 되었다. 특히 2018년부터 2020년까지의 거래 중심 시대에는 거래소 내에서 스테이블코인의 유통 범위와 거래쌍의 다양성이 시장점유율을 결정짓는 핵심 요소였다. 바이낸스는 USDT를 기반으로 한 거래쌍을 통해 트레이더들이 빠르고 효율적으로 자산을 이동시킬 수 있는 환경을 구축했고, 이는 USDT의 수요를 폭발적으로 증가시켰다.

2025년 기준 바이낸스의 회원 수는 2억 명 이상인 것으로 파악된다. 바이낸스의 성장과 함께 USDT는 다른 스테이블코인과의 경쟁에서도 우위를 점했다. 바이낸스의 글로벌 사용자층은 아시아, 유럽, 중동, 아프리카 등 다양한 지역에 분포되어 있어, 이들 지역에서 USDT는 법정화폐의 접근성이 낮은 환경에서 디지털 달러의 대안으로 기능하기도 한다.

USDT의 부상은 바이낸스의 기술적·전략적 지원 없이는 불가능했다. 바이낸스는 블록체인 네트워크 간 USDT의 원활한 전송을 돕기 위해 이더리움, 트론을 비롯하여 바이낸스 거래소의 자체 코인인 스마트 체인BSC 등 다수의 블록체인에서 USDT 유통을 지원했다. 이는 거래소 내에서 USDT의 접근성과 사용성을 극대화했고, 네트워크 간 자산 이동 시 발생할 수 있는 마찰을 최소화하는 효과를 낳았다. 특히 BSC의 낮은 거래 수수료와 빠른 처리 속도는 USDT의 대규모 유통을 촉진하며 디파이와 NFT 시장의 성장에도 간접적으로 기여했다. 결과적으로 바이낸스의 글로벌 1위 거래소로의 도약과 USDT의 스테이블코인 시장 지배는 서로를 강화하는 선순환 구조였던 셈이다.

테더를 바라보는
미 정부의 곱지 않은 시선

스테이블코인을 둘러싼 규제의 흐름을 생각할 때, 이쯤에서 하나의 의문이 생긴다. 메타는 당시 발행조차 하지 못한 리브라 때문에 미국 국회의 청문회에 소집되고 벌금까지 내야 했고, 결국 프로젝트를 중단시키고 말았다. 반면 달러와 연동된 USDT는 오랫동안 독주 체제를 굳건히 지키고 있다. USDT를 발행하는 테더는 어떻게 규제를 피하는 것일까?

테더는 영국령 버진아일랜드에 등록된 '테더 리미티드' 그리고 실질적 운영 주체인 홍콩계 디지털 자산 거래소 비트파이넥스Bitfinex와 긴밀히 연결되어 있다. 미국의 정식 금융 라이선스를 보유하지도 않았다. 내부적으로 미국 금융 당국의 규제하에 발행되고 있다고 주장하지만, 사실 미국 증권거래위원회SEC나 뉴욕 금융감독국NYDFS 등으로부터 공식 인가를 받은 적은 없다. 디지털 자산 관련 논의가 본격화되기 전부터 발행된 코인 투자자들 사이에서만 암암리에 사용되어왔기 때문에 이렇다 할 규제를 받지 않았던 것이다.

물론 이와 같은 영업 형태가 안정적으로 지속되기는 어렵다. 실제로 2021년 미국 상품선물거래위원회CFTC는 테더 리미티드가 USDT 발행 당시 달러 준비금을 100% 보유하고 있지 않았다는 이유로 4,100만 달러(한화 약 560억 원)의 벌금을 부과한 바 있다. USDT의 시가총액은 한화 약 200조 원에 달한다. 스테이블코인 중에서는 1위, 전체 코인 중

테더의 준비금 내역

(2025년 3월 31일 기준)

총준비금			1,492억 7,451만 달러	
항목			금액	대략적인 비중
현금 및 단기 예치금	미국 국채 (90일 이하)	985억 달러	1,216억 달러	81.5%
	역환매조건부채권 (1일~90일)	167억 달러		
	머니마켓펀드	62.8억 달러		
	현금 및 은행 예치	0.6억 달러		
	미국 외 국채	0.6억 달러		
회사채			0.14억 달러	0.01%
금			66.6억 달러	4.5%
비트코인			76.6억 달러	5.1%
기타 투자자산			44.6억 달러	3.0%
담보대출			88.3억 달러	5.9%

에서는 3위에 해당하는데, 이러한 규모의 테더가 준비금 부족으로 파산한다면 전체 디지털 자산 생태계가 거대한 타격을 입을 수밖에 없다. 충분한 준비금 없이 스테이블코인을 발행하는 일은 사기나 시장조작으로 간주될 수 있어 신뢰도에도 부정적인 영향을 준다.

준비금 부족 문제가 지속적으로 불거지자 테더는 '투명성을 강화하겠다'며 분기마다 준비자산 내역을 공시하고 있다. 2025년 1분기 보고서에 따르면 테더가 보유한 준비금은 총 1,492억 달러이며 총부채는 1,437억 달러다. 준비금이 발행된 코인의 액수보다 약 55억 달러 더 많은데, 이는 100% 이상의 담보를 유지하고 있다는 의미다.

구체적인 준비금 내역을 들여다보자. 미국 단기국채를 비롯한 현금 및 단기 예치금의 비중이 81.5%이며 금이나 비트코인, 회사채 등 현금처럼 유동성이 높고 어느 정도 수익을 발생시킬 수 있는 자산으로 구성되어 있다.

문제는 이 준비금 보고서가 투자자 입장에서 믿음직스러운 자료인지 확인할 수 없다는 점이다. 테더가 회계법인을 통해 내놓은 것은 준비금, 토큰 발행 등 특정 항목에 대한 '검토Opinion Review' 보고서 수준에 가깝다. 물론 테더는 아직 미국이나 EU에서 정식 금융기관이 아니기에 법적 감사 의무가 없다. 이 보고서는 투자자, 거래소, 언론사 등 외부 이해관계인을 '안심시키기 위한' 정보 공시용 문서 정도로 해석하는 편이 옳을지도 모른다. 하지만 시가총액이 200조 원에 달하는 디지털 화폐로 성장한 만큼, 공신력 있는 외부감사는 필수다.

제도권 코인으로 맞불을 놓은 미국 정부

미국 정부는 자국 중심의 스테이블코인 생태계를 구축하고자 하는 정책적 의지를 분명히 하고 있다. USDT를 실질적으로 달러와 동일한 기능을 수행하는 '사설 디지털 달러'로 간주하며 그 영향력과 규모에 관한 불편함을 감추지 않는 입장이다. USDT는 미국 달러와 1:1로 연동되는 구조로 설계되어 있지만, 발행사인 테더 리미티드는 미국 기업이 아니며 미국 금융감독기구의 직접적인 관리·감독 아래 놓여 있지도 않다.

이로 인해 USDT는 자금 세탁, 대북 제재 회피, 테러 자금 유통 등과 같은 금융 범죄에 악용될 수 있다는 우려를 지속적으로 받고 있다. 특히 USDT는 익명성과 빠른 전송속도 등 디지털 자산 고유의 특성을 모두 갖췄기 때문에, 미국은 USDT가 자국의 금융 질서를 위협하는 '통화 주권 외부화'의 상징이 될 수 있다고 바라보는 것이다. 또한 연방준비제도의 통화정책과 달러의 글로벌 유통에 비제도권 민간 코인이 개입하는 구조가 형성되면서, USDT는 통화 질서의 교란자 혹은 '사설 달러화Private Dollarization'의 대표 사례로 지목되고 있다.

현재 미국은 스테이블코인 관련 법제화를 통해 USDT를 사실상 규제 밖으로 밀어내려는 움직임을 보이고 있다. 최근 미국에서 통과된 지니어스 법과 디지털 자산 명확화법CLARITY Act이 대표적이다. 둘 모두 공통적으로 스테이블코인을 발행하려면 미국 내 은행 또는 규제 대상 금융기관만 가능하도록 제한하는 내용을 담고 있으며, 외국계 또는 비면허 기관의 스테이블코인 발행을 제한하거나 실질적으로 불가능하게 만든다는 점에서 테더에 직접적인 불이익이 되는 규제 장치로 작동할 가능성이 크다.

더불어 미국 정부는 테더의 미국 국채 보유 규모에도 민감한 시선을 보내는 중이다. 테더가 준비금 중 약 1,000억 달러 이상을 미국 국채에 투자한다는 점은 자산 안정성과 유동성을 확보하는 데 매우 효과적인 움직임이지만 동시에 국채에 관한 외국계 수요가 특정 민간 기업에 과도하게 집중되고 있다는 경계심도 불러일으킨다. 실제로 테더는 한국이나 영국보다도 많은 미국 국채를 가진 '비은행 민간 기관 중 최대 규모의 국채 보유자'로 평가된다. 이는 USDT가 미국 금융시장에 미치는 영향력이 단순한 디지털 자산 수준을 넘어선다는 방증이며 만일 테더가 보유한 국채를 대거 매도하거나 환매하게 될 경우, 미국 국채 시장에 혼란을 초래할 수 있다는 리스크도 수반된다.

중국과의 연계 가능성이 의혹의 중심

미국 내 일부 정치권과 규제 기관은 테더의 배경에 중국계 자금 또는 정치적 의도가 개입되어 있을 가능성까지 의심하고 있다. 테더의 공동 설립자인 브록 피어스와 비트파이넥스 간의 연관성, USDT의 주요 사용 국가 중 다수가 중국 또는 중국과 경제적 영향력이 긴밀한 국가들이라는 점도 이러한 의혹을 부추기는 요소로 작용한다. 실제로 일부 보고서에서는 중국계 마진 트레이더, 디파이 프로젝트, P2P 거래 시장 등에서 USDT가 활발히 쓰이고 있다는 점을 지적한다. 이는 자본 통제가 강한 국가들이 USDT를 통해 통제망을 우회하고 있다는 인식을 확산시켰다.

결국 USDT는 시장점유율 1위라는 상징성과 기능성에도 불구하고, 점점 강해지는 규제 환경에서 자유롭게 활동하던 시절을 끝내고 제도권의 압력에 적응해야 하는 국면에 접어들었다. 향후 몇 년간 미국을 필두로 한 주요국 정부가 스테이블코인 규제안을 본격화할 경우, USDT는 제도권 내부에서 설계된 스테이블코인들, 예컨대 서클의

USDC나 페이팔의 PYUSD, 혹은 향후 발행될 CBDC와 직접적으로 경쟁하는 구도에 놓일 수밖에 없다. 지금은 기술이나 유통망뿐 아니라 규제 대응력까지 포함한 '총체적 경쟁력'이 스테이블코인의 미래를 좌우하는 과도기이기 때문이다.

숱한 논란에도
1위 유지 중인 테더, 왜?

테더는 발행 초기부터 준비금의 투명성 문제, 규제 회피 논란, 일부 회계감사 방식에 대한 비판 등 숱한 의혹과 논란에 시달려왔다. 발행량이 급격히 늘어날 때마다 실제로 그에 상응하는 준비금이 존재하는지에 관한 의구심이 제기되었고, 테더는 그에 대응해 수차례 입장문을 내긴 했지만 시장이 납득할 만한 '완전한 해명'은 이뤄지지 않았다. 그럼에도 불구하고 테더는 2025년 6월 기준 세계 1위 스테이블코인으로 굳건히 자리하고 있다. 이처럼 테더가 경쟁자들을 제치고 압도적인 시장점유율을 유지하는 데는 몇 가지 결정적 이유가 있다.

첫째, 가장 먼저 자리 잡은 자가 승리하는 '퍼스트 무버 어드밴티지'다. 테더는 2014년 리얼코인이라는 이름으로 처음 발행되었고, 당시 유일무이한 스테이블코인으로 시장에 등장했다. 디지털 자산 거래소들이 코인 간 거래쌍을 구축하는 과정에서 가장 먼저 도입할 수 있는 스테이블코인이 USDT뿐이었기 때문에 이는 자연스럽게 시장의 표준이 되었다. 바이낸스, 비트파이넥스, 오케이엑스OKX, 후오비Huobi 등 주요 중앙화 거래소CEX들이 USDT를 기축 자산으로 삼고 유동성 풀과 거래쌍을 형성하면서 네트워크 효과가 본격적으로 확대되기 시작했다. 시장에 대체할 만한 스테이블코인이 없던 상황에서 USDT에 기반한 거래 인프라가 구축되며, 후발 주자가 진입하기 어려운 강력한 진입 장벽이 생긴 것이다.

둘째, 테더는 미국의 규제를 우회한 확장 전략을 채택했다. USDT는 달러를 추종하지만 아이러니하게도 미국 시장보다는 신흥국과 개발도상국을 중심으로 전략적으로 시장을 확장해왔다. 자금 이동의 자유가 제한된 국가, 환율이 불안정한 지역, 달러에 대한 수요가 높은 시장에서 USDT는 사실상 디지털 달러의 역할을 해왔다. 예컨대 아르헨티나, 베네수엘라, 나이지리아 등에서는 자국 화폐의 신뢰도가 낮기 때문에, 국경 간 송금이나 결제를 위해 USDT를 실물 달러 대신 사용하는 경우도 많다. 미국의 강력한 금융 규제를 회피함과 동시에 이러한 지역에서 유통을 확대한 전략은 USDT가 전 세계에서 가장 널리 쓰이는 디지털 자산이 되도록 만든 핵심 요인 중 하나였다.

셋째, 시장의 수요를 흡수하기 위해 인프라의 중심을 파고들었다. USDT의 입지는 중앙화 거래소에만 국한되지 않는다. 탈중앙화 거래소DEX, 디파이, NFT, 게임파이GameFi 등 온체인 서비스 전반에 이미 깊이 통합되어 있다. 디파이 플랫폼에서도 USDT는 유동성 공급과 대출·차입의 핵심 자산으로, 마치 기축통화처럼 활용된다. USDC나 DAI 같은 경쟁 스테이블코인이 기술적으로는 더 투명하거나 규제 친화적이라는 평가를 받더라도 이미 모든 주요 시스템에 USDT가 연결되어 있다는 점에서 손쉬운 대체가 어렵다.

　마지막으로, USDT는 기술적 유연성 확보를 통한 멀티체인 확장과 성능 최적화에 주력했다. 초창기에는 이더리움ERC-20 기반으로만 발행되었지만, 지금은 트론Tron, 솔라나Solana, 아발란체Avalanche, 폴리곤Polygon, 아비트럼Arbitrum, 옵티미즘Optimism 등 10개 이상의 블록체인에서 멀티체인으로 발행되고 있다. 이러한 구조 덕분에 이더리움처럼 수수료가 높은 체인 외에도 고속 체인인 트론 기반 USDTTRC-20를 사용하는 등 다양한 블록체인 생태계에서 전송속도와 비용 측면에서 최적의 선택이 가능하다. 유연한 설계와 접근성은 사용자 경험을 크게 개선하며 채택을 촉진시키는 역할을 했다.

낙관할 수만은 없는 미래

규제 친화성이나 투명성, 준비금 구성 등에서 USDT보다 우수한 평가를 받는 스테이블코인이 존재하긴 해도, USDT는 이미 시장의 핵심 인프라로 깊숙이 박혀 있다. 중앙화 거래소·탈중앙화 거래소·디파이·온체인 결제·크로스 체인 브리지·국제 송금 등 거의 모든 코인 관련 서비스의 기본 화폐로 자리매김한 상태다. 마치 1990년대 초 인터넷이 정착될 때 넷스케이프Netscape가 아니라 인터넷 익스플로러가 시장을 장악한 것처럼, 기술의 완성도나 철학적 이상보다 접근성과 유통력, 시장 선점의 속도가 더 큰 힘을 발휘한 것임을 보여주었다.

　그렇다면 USDT의 미래를 마냥 낙관적으로만 전망할 수 있을까?

최근의 세계적인 규제 흐름을 살펴보면, 지금까지 사실상 무법 지대에 가까웠던 디지털 자산 시장이 점차 제도권 안으로 편입되고 있다. 이러한 변화 속에서 USDT는 지금처럼 절대적인 시장점유율을 유지하기 어려울 수도 있고, 앞으로는 다른 스테이블코인에게 자리를 조금씩 내줄 것이라는 관측도 제기되는 중이다.

서클 USDC
미국 정부와 가장 가까운 스테이블코인

앞서 살펴보았듯 테더의 USDT는 시장의 약 67%를 점유하며 선두를 달리는 중이지만, 준비금 투명성 논란과 규제 준수 문제로 인해 그 아성이 흔들릴 가능성이 제기되고 있다. 그렇다면 과연 어떤 코인이 USDT의 자리를 대체할 수 있을까? 현재 시장에서 가장 유력한 대안으로 떠오르고 있는 것은 바로 서클Circle이 발행하는 USDC다. 2025년 6월 기준 USDC의 시가총액은 약 616억 달러(한화 약 85조 원)로 USDT의 절반에도 못 미치는 수준이지만, 규제 친화성과 투명성 측면에서 강점을 지니며 빠르게 점유율을 넓혀가고 있다.

다소 느리더라도
안전한 길을 택한 USDC

서클은 2013년 10월 설립된 미국의 핀테크 기업이다. 블록체인 기술을 활용해 글로벌 결제, 송금, 스테이블코인 인프라 등 디지털 금융 전반을 혁신하는 것을 목표로 만들어졌다. 초기에는 비트코인을 활용한 P2P 결제 플랫폼으로 출범했지만 이후 스테이블코인 중심의 사업 모델로 전환하며 본격적인 도약을 알렸다. 2018년에는 미국 최대 코인 거래소 코인베이스와 함께 센터 컨소시엄Centre Consortium을 설립하고, 미국 달러에 1:1로 연동되는 스테이블코인인 USDC를 발행했다.

서클의 공동 창업자이자 CEO인 제레미 알래어Jeremy Allaire는 기술 산업과 금융 산업을 넘나드는 다방면의 창업 경험을 가진 인물이다. 과거 비디오 스트리밍 서비스인 브라이트코브Brightcove를 설립해 나스닥에 상장시켰으며, 매크로미디어Macromedia의 CTO와 알래어 코퍼레이션Allaire Corporation의 공동 창립자로도 활약했다. 그는 블록체인을 "인터넷 이후 가장 근본적인 기술 변화"로 평가하며, 디지털 달러를 기반으로 한 차세대 금융 인프라 구축을 서클의 비전으로 제시했다. 공동 창업자인 숀 네빌Sean Neville은 현재 서클을 떠났지만, 초기에 기술 아키텍처와 제품설계를 주도하며 USDC의 기초를 닦는 데 기여한 인물이다.

서클은 설립 초기부터 규제와 투명성 측면에서 차별화된 전략을 택했다. 2015년에는 뉴욕 금융감독국이 발행하는 디지털 자산 사업자 전용 라이선스인 '비트 라이선스BitLicense'를 취득한 최초의 기업 중

시장의 2인자인 USDC는 미국 정부의 우호적인 태도와 세계 최대 자산운용사인 블랙록 그리고 미국 최대 거래소 코인베이스와의 파트너십을 바탕으로 빠르게 성장하고 있다.

하나가 되었으며, 골드만삭스를 비롯한 전통 금융기관으로부터 1억 3,500만 달러(한화 약 1,870억 원)의 투자를 유치했다. 특히 골드만삭스가 2016년 주도한 5,000만 달러 규모의 시리즈 C 투자 라운드를 통해, 서클은 전통 금융과 디지털 자산업을 연결하는 교두보 역할을 하게 될 가능성을 높게 평가받았다.

USDC는 발행 초기부터 '규제 친화적 스테이블코인'을 표방한 만큼 자산 준비금의 100%를 단순 현금뿐 아니라 단기 미국 국채로 유지하고 있다. 이는 보수적이고 단순한 자산 구성을 통해 투자자들의 신뢰를 높이는 동시에 미국의 규제에 맞추기 위함이다. 앞서 살펴본 테더도 마찬가지로 준비금 대부분을 미국채로 보유 중이지만 투자자들의 신뢰도 면에서 다소간의 차이가 있다. 서클은 테더와 달리 뉴욕증권거래소에 상장되어 있으며 매달 예치금 내역을 공개하고 글로벌 회계법인인 딜로이트Deloitte로부터 매년 정식 외부감사를 받고 있다.

USDC의 준비금은 블랙록이 운용하는 증권거래소에 등록된 정부 MMF에 보관되며, 수익성과 안정성을 동시에 추구하는 모델로 자리 잡았다. 이러한 구조는 투명성 논란에서 자유롭지 못한 테더와의 가장 큰 차별점으로 작용하며, USDC의 시장 신뢰도를 높이는 핵심 기반이 되었다.

코인베이스와 함께 열었던 센터 컨소시엄은 2023년 8월 해산되었고, 이후부터는 서클이 단독으로 USDC의 발행과 거버넌스를 담당하고 있다. 이는 글로벌 규제 환경이 보다 명확해지면서 서클이 USDC에 대한 책임과 통제를 완전히 수용하게 된 결정이었다.

트럼프의 당선, USDC에게는 새로운 기회

USDC에게 전환점이 될 만한 사건으로는 2024년 11월 트럼프 대통령의 재선 성공을 꼽을 수 있다. 트럼프 대통령은 후보 시절부터 미국을 '암호화폐 수도Capital of Crypto'로 만들겠다고 공언할 정도로 친親 디지털 자산 정책을 적극적으로 내세웠다. 대표적으로는 연방준비제도 등 중앙은행이 발행하는 CBDC를 금지하는 대신 민간 차원의 스테이블코인 발행을 권장하기 위해 명확한 규제를 만들겠다고 한 공약을 꼽을 수 있다.

그는 취임 직후인 2025년 1월, CBDC의 발행·유통·사용을 전면 금지하는 행정명령에 서명했다. 중앙은행에서 CBDC를 발행할 경우 금융 시스템의 안정성, 개인의 사생활, 미국의 주권을 위협할 수 있다는 이유였다. 그는 '국가는 국민의 금융거래를 실시간으로 감시해서는 안 되며, 통화 시스템은 자유 시장 경쟁을 통해 발전해야 한다'고 선언했다. 이 조치는 디지털 자유주의를 가치로 내건 보수 성향 유권자들과 금융시장 참가자들로부터 큰 지지를 받았다. 결국 미국 정부는 지니어스 법과 함께 연방준비제도가 중앙은행 디지털 화폐를 발행하는 것을 금지하는 CBDC 금지법 Anti CBDC Surveillance State Act 을 통과시키기에 이르렀다.

GENIUS 법 통과로 더 유연해진
스테이블코인 환경

취임 6개월 만인 2025년 7월, 미국 상·하원 의회는 역사적인 법을 통과시킨다. '2025년 미국 스테이블코인을 위한 국가 혁신 지도 및 확립법 Guiding the Establishment of National Innovation for US Stablecoins, GENIUS', 이른바 지니어스 법이 그것이다. 이 법은 미국 내에서 스테이블코인을 합법적으로 발행·유통할 수 있는 라이선스 체계를 도입하고 그 대상은 은행·비은행 민간 기업 모두로 확대했다는 점에서 의미가 크다. 연방준비제도의 승인을 받지 않더라도 재무부 산하 디지털 화폐 감독국oso의 등록만으로 운영이 가능하도록 규제 장벽을 낮췄다는 점도 특징이다. 이는 기존의 전통 금융 규제보다 훨씬 유연한 접근 방식이었다.

지니어스 법의 핵심은 다음과 같다. 첫째, 1:1 자산 담보 원칙을 스테이블코인 발행사에 강제해 소비자 보호를 강화하는 것. 둘째, 국채 및 달러 예금 외에 단기 머니마켓펀드MMF 등 다양한 담보자산을 인정해 유연성을 확보하는 것. 또 회계 투명성과 감사 요건을 강화하는 대신, 일정 조건을 충족한 발행사에는 연방 세금 인센티브를 부여하는 것이다.

지니어스 법 통과가 불러올 가장 큰 변화는 스테이블코인이 '지급 수단'으로 인정받게 되는 것이다. 이는 미국 내 기업이 스테이블코인을 이용해 상품과 서비스를 자유롭게 거래할 수 있도록 허용한다는 의미다. 애플, 아마존, 월마트 등 대형 유통·전자 상거래 기업이 일제히 USDC를 결제 옵션에 추가하는 계기를 만든 셈이다. 이전까지는 USDC가 코인 거래에 주로 쓰였다면 이제는 현금이나 신용카드와 같은 결제 수단으로 완전히 자리를 잡게 되는 것이다.

트럼프 정부의 스테이블코인 중심 정책 변화는 USDC와 서클에게 엄청난 수혜를 안겼다. 기존에도 규제 친화적인 모습을 보여온 서클은 지니어스 법을 기준으로 최초의 '미국 연방 스테이블코인 라이선스'를 획득했다. 이는 곧 시장의 신뢰로 이어졌고, USDC는 미국 디지털 달러의 실질적인 대체자 역할을 맡기 시작했다. 세계 각국의 정부들도 미국의 지니어스 법 모델을 벤치마킹해 자국 내 스테이블코인 규제를 개편하겠다는 입장을 내놓기 시작했다. 미국 패권이 '달러'에서 '디지털 달러USDC'로 확장되는 역사적인 첫걸음이었던 셈이다.

뉴욕 증시에 상장한 서클

2025년 6월, 서클은 뉴욕증권거래소에 'CRCL'이라는 티커로 상장하며 공식적으로 상장 기업 대열에 합류했다. 이번 IPO는 2022년의 SPAC 상장 실패 이후 두 번째 도전이었으며, 약 11억 달러를 조달한 상장 직후 기업 가치는 약 68억 달러로 평가받았다.

물론 서클이 USDC 발행 하나로 상장에 성공할 수 있었던 것은 아니다. 서클은 스테이블코인 외에도 다양한 디지털 금융 인프라 서비스를 제공하고 있다. 대표적으로 'CPN Circle Payments Network'은 글로벌 기업과 은행들이 실시간 결제 및 송금에 USDC를 활용할 수 있도록 지원한다. 'Circle Mint'는 기업 고객이 달러를 USDC로 쉽게 변환하거나 반대로 현금화할 수 있도록 돕는 서비스다. 이외에도 디지털 자산을 위한 애플리케이션 프로그래밍 인터페이스API와 소프트웨어 개발도구SDK를 제공하여 디파이, 웹3, 게임, 크로스보더 결제 등 다양한 분야에 USDC가 자연스럽게 활용될 수 있는 환경을 조성하고 있다.

다양한 사업을 기반으로, 서클은 2024년 기준 연 매출 16억 8,000만 달러(한화 약 2조 3,000억 원), 순이익 1억 5,600만 달러(한화 약 2,100억 원)를 기록하며 안정적인 수익 기반을 확보한 기업으로 평가받았다. 그러나 성공적인 IPO가 가능했던 까닭은 그 무엇보다 스테이블코인을 적극적으로 밀어주는 트럼프 정부의 정책 기조가 한몫했던 것으로 보인다.

세계 최대 자산운용사 블랙록, 서클과 전략적 동맹을 맺다

IPO 이전, 스테이블코인을 통해 서클이 하루가 다르게 덩치를 불려가자 먼저 손을 내민 곳이 있다. 세계 최대 자산운용사인 블랙록이다. 블랙록은 2022년부터 서클에 투자했고 '서클 리저브 펀드Circle Reserve Fund'를 통해 서클이 보유한 예치금을 운용하면서 핵심 파트너사로 완전히 자리 잡았다.

블랙록이 단순히 서클의 가능성만을 보고 투자한 것은 아니다. 블랙록은 미국 자산운용사 중에서도 오랫동안 디지털 자산 시장을 눈여겨보고 어떤 사업을 만들어갈 수 있을지 고민해온 곳이다. 블랙록은 이미 비트코인과 이더리움 ETF를 상장했으며, 유럽에서도 처음으로 비트코인 ETP를 만들어 출시한 바 있었다. 그만큼 디지털 자산 시장을 주도하는 위치에 있고, 트렌드에 민감하게 반응해 재빨리 상품을 만들고 세상에 내놓는 기업이다.

블랙록이 서클과의 파트너십을 강화해가는 결정적인 이유는 무엇일까. 해답은 2024년 블랙록이 내놓은 '블랙록 USD 기관 디지털 유동성 펀드BlackRock USD Institutional Digital Liquidity Fund'에서 찾을 수 있다. 이 펀드는 줄여서 'BUIDL'이라고 불리는데, 미국 국채와 환매조건부채권, 현금 등의 실물 자산을 토큰화해서 투자할 수 있도록 만든 펀드다. 이 자산들은 이더리움 네트워크에서 발행되는 ERC-20이라는 표준화된 프로토콜 형태의 토큰으로 변환되어 블록체인상에 기록되며, 토큰당

1달러의 가치를 유지한다. 매달 배당금을 토큰 형태로 지급하도록 설계되었다.

USDC 기반 머니마켓펀드의 출시

BUIDL 펀드 운용에서 USDC는 핵심 역할을 수행한다. 블랙록은 BUIDL 투자자가 자신의 펀드 지분 토큰을 USDC로 바로 전환할 수 있도록 설계했는데, 이러한 과정이 가능하도록 스마트 콘트랙트 기능을 적용한 것이 서클이다. 이 기능 덕분에 BUIDL은 ERC-20 토큰으로서 투명성과 실시간 확인 가능성을 제공하며, USDC로 다시 바꿔 즉시 현금화할 수 있게 된다. 즉 '현금 → 토큰화 → USDC로 정산 → 현금화'의 흐름이다. 서클의 제레미 알래어 CEO는 "토큰화된 펀드에서 빠르게 빠져나오고 비용과 마찰을 줄이기 위해 USDC가 핵심적인 역할을 한다"라고 강조하기도 했다.

이 구조는 단순히 디지털 자산으로의 투자가 가능한 금융 상품이 아니라, 속도·비용·유연성을 극대화한 완결형 디지털 금융 솔루션에 가깝다. 블랙록의 주 종목인 ETF의 경우, 국가에서 허가한 주식시장에서 정해진 개장 시간 동안만 거래할 수 있다. 반면 토큰 거래는 전자지갑만 있으면 누구나 쉽게 투자가 가능하기에 시간의 구애를 받지 않는다. 심지어는 국가 경계를 넘어 전 세계 누구와도 즉시 주고받을 수 있다. 빠르고 효율적인 자산 운용과 정산이 가능해진 것이다. 이러한 편리함 덕에 BUIDL 펀드는 2024년 초 출시 후 1년 만에 운용 자산이 약 20억 달러 규모로 급격히 성장했다. 물론 블랙록이 운용하는 전체 자산 규모인 10조 달러 이상에 비하면 20억 달러는 적을지 모르지만, '온체인 토큰화 머니마켓펀드'가 새로운 시장임을 고려했을 때 매우 빠른 성장세임은 분명하다.

블랙록은 토큰화된 국채 펀드를 통해 자산 시장의 투명성·유동성·효율성을 증명했고, 서클은 USDC를 통해 이를 디지털 통화 생태계로 연결했다. 해당 파트너십은 디지털 자산과 전통 금융 간의 간극을 좁히는 월가의 대표적인 사례다. BUIDL과 USDC의 결합 구조는 글로벌 기관 투자자에게 새로운 운용 방식과 정산 수단을 제안하는 동시에 서클 등의 스테이블코인 발행사에게도 규제적 신뢰성과 시장 확대라는 교두보를 제공했다. 이러한 연결 고리는 앞으로 디지털 자산과 전통 금융의 융합 지형을 재편할 가능성이 크다.

기술 업데이트와 범용성으로 입지를 넓히는 USDC

USDC는 아직 2위를 달리고 있지만, USDT의 자리를 충분히 넘볼 만하다는 의견이 강세다. 서클의 태생인 미국에서 서서히 입지를 넓혀가는 것 외에도 테더에 비해 기술적으로 전혀 뒤처지지 않는다는 점을 부각하고 있다. USDC도 USDT와 마찬가지로 이더리움에서 처음 발행되었으나 현재는 솔라나, 아발란체, 폴리곤, 옵티미즘 등 20개 이상의 주요 퍼블릭 블록체인에서도 발행되고 있다. 서클은 자체 개발한

크로스체인 전송 프로토콜CCTP을 통해 사용자가 블록체인 간 USDC를 안전하게 이동시킬 수 있도록 설계해 접근성과 범용성을 높였다. USDT에 비해 발행 시기가 늦었을 뿐, 기술 면에서는 비슷한 수준을 보여 사실상 언제든 추월할 수 있는 기반이 마련되어 있다.

**미국 최대 코인 거래소 코인베이스와의
굳건한 파트너십**

디지털 자산 거래소와의 연계를 통한 범용성도 확보되어 있다. 스테이블코인의 확산에 있어 중요한 요소는 코인 거래소와의 연계다. 아무리 준비금이 탄탄하고 기술적인 완성도가 높다 해도, 실제 사용자들이 이를 거래할 수 있는 환경이 마련되지 않으면 시장 내 유통 자체가 불가능해지기 마련이다. 앞서 본 USDT는 바이낸스를 통해 크게 성장했고, USDC는 코인베이스의 전략적 지원 아래 성장한 사례다. USDC는 서클이 발행했지만 그 성공의 기반은 코인베이스의 신뢰성과 미국 내 규제 친화적인 접근 방식에 있다.

코인베이스는 미국 내 최대 코인 거래소이자 2021년 나스닥에 상장한 첫 거래소 기업이다. 이런 배경 덕분에 코인베이스는 기관 투자자와 전통 금융권의 신뢰를 얻었고, 자연스럽게 코인베이스에 상장된 스테이블코인 역시 '투명하고 안전한 자산'으로 인식되었다.

특히나 코인베이스는 USDC를 거래에 활용하는 수준을 넘어, 서클과의 파트너십을 바탕으로 USDC 생태계를 공동 설계·운영해왔다. 2018년 USDC를 처음 출시했을 때부터 코인베이스는 서클과 함께하는 공동 관리 구조를 만들어 발행과 감시체계를 구축했다. 이후 2023년, 서클이 센터 컨소시엄을 단독 운영하게 되면서 양사의 협력 구조는 일부 재편되었지만 코인베이스는 여전히 USDC의 주요 유통 플랫폼이자 보급 창구 역할을 담당한다. 코인베이스 지갑이나 디파이 서비스에서 USDC를 기본 결제 수단으로 설정해둔 것은 물론이고, 자체 상품인 코인베이스 카드 등에서도 역시 USDC를 주된 결제 수단으로 채택하고 있다. 최근에는 미국의 대표 이커머스 플랫폼 쇼피파이Shopify가 가맹점들의 USDC 결제 서비스를 지원하기로 했다. 쇼피파이는 코인베이스의 이더리움 레이어2 네트워크인 '베이스'를 활용해 스테이블코인 결제 시스템을 구축했다.

유럽 시장에서도 서클은 빠르게 입지를 넓히고 있다. 2024년에는 EU의 암호 자산 규제법 MiCA 시행에 맞춰 전자화폐 라이선스를 취득한 최초의 스테이블코인 발행사로 등극했다. 미국에서는 46개 주와 푸에르토리코, 워싱턴 D.C. 등지에서 머니 트랜스미터 라이선스를 보유하고 있다. 이처럼 광범위한 규제 등록은 USDC가 제도권 금융 인프라로 편입될 수 있는 가능성을 보여준다. 또한 서클은 유로화 연동 스테이블코인인 EURC 발행을 통해 유럽 결제 시장 공략에도 본격적으로 나선 상태다.

서클은 USDC 발행과 준비자산 운용을 통해 안정적인 수익을 올리고 있지만, 그보다 중요한 전략은 글로벌 결제 및 정산 인프라 구축이다. 최근에는 국제 송금 시장 진출을 본격화하며 '서클 페이먼트 네트워크CPN'를 출시했다. 이는 기존 스위프트SWIFT 망을 대체하는 것을 목표로, 미국을 비롯해 동남아, 중남미, 아프리카 등 주요 신흥국의 지급결제 네트워크와 협력해 실시간·저비용 송금 시스템을 구축하고 있다. 특히 달러 수요가 높지만 금융 인프라가 부족한 지역에서 USDC 기반의 디지털 결제는 높은 효율성과 경쟁력을 발휘할 수 있다.

서클은 개발자 친화적인 서비스를 통해 기업들이 쉽게 USDC를 결제 시스템에 연동할 수 있도록 지원하고 있으며, 다양한 블록체인 네트워크와의 호환성을 바탕으로 디파이, NFT, 게임 등 웹3 생태계 전반에서도 USDC 활용도를 높이고 있다. USDC는 USDT와 달리 미국 내 라이선스를 기반으로 운영되며, 준비금 투명성 확보와 외부 회계 감사를 통해 제도권 금융과의 신뢰 관계를 적극적으로 구축하고 있다. 뉴욕증권거래소 상장 이후 서클의 주가는 공모가 대비 최대 10배 가까이 상승한 바 있으며, 이는 시장이 서클의 비즈니스 모델과 성장 가능성에 대해 높은 기대를 품고 있음을 단적으로 보여준다.

서클의 장기 전략은 결국 글로벌 디지털 결제 네트워크를 구축하는 것에 가깝다. CEO인 제레미 알래어는 "USDC는 단순한 코인이 아니라, 미국 달러를 디지털 경제로 확장하는 표준 인프라"라고 말한 바 있다. 스테이블코인이 미국의 경제 패권을 디지털 영역으로까지 확장하는 핵심 수단이 될 것이라고 강조하기도 했다. 그의 말처럼 현재, 미국 정부가 외국계 스테이블코인에 대한 규제를 강화하며 미국 내 발행 스테이블코인에 대한 명확한 규제를 마련하는 과정에서 서클은 가장 유력한 수혜 기업으로 꼽힌다.

서클은 규제 준수, 투명성, 기술 인프라, 글로벌 전략이라는 네 가지 축을 중심으로 스테이블코인 산업의 차세대 리더로 도약하는 중이다. 테더가 구축한 기존의 패권에 균열을 내는 동시에, 제도권과의 조화를 통해 코인 기반 디지털 금융 생태계의 중심으로 자리매김하고 있다.

리플랩스 RLUSD
고성능 블록체인 기반의 송금 특화형 실험

미국이 스테이블코인을 장려하고 관련 규제를 마련하자 즉각적으로 반응한 기업이 있다. 송금에 특화된 디지털 자산 'XRP(옛 리플)'를 발행하는 리플랩스Ripple Labs다. XRP는 본래 해외 송금을 주 목적으로 설계된 디지털 자산이다. 1초당 1,500건 이상의 거래를 처리할 수 있는 고성능 블록체인인 XRPL XRP Ledger을 기반으로 구축되어, 신속하고 안전하며 수수료가 저렴한 글로벌 송금 플랫폼을 실현하겠다는 것이 목표였다.

태생부터
해외 송금 전용 코인이었던 RLUSD

전통적으로 해외 송금은 국제은행간통신협회SWIFT망을 기반으로 이루어진다. 다만 이 시스템은 1970년대에 만들어진 만큼 디지털 시대에 적합하지 않은 한계점을 지닌다. 높은 수수료와 더불어 송금 처리에 긴 시간이 걸리는 것은 물론이고, 계좌번호 입력 오류가 발생했을 경우 이를 인지하고 송금 요청을 취소해 자금을 돌려받는 데도 상당한 시간이 소요된다. 반면 XRP를 활용하면 수 초 내에 송금이 완료되기 때문에 빠르고 효율적인 결제 수단으로 주목받아왔다.

XRP는 2012년에 발행되었다. 2014년에 출시된 이더리움이나 이후 등장한 USDT, USDC 등 주요 스테이블코인보다 훨씬 이른 시점에 개발된 디지털 자산이다. 당시는 스테이블코인이라는 개념이 수립되기 전이었던 만큼 시세 변동성의 한계에 부딪히기도 했다. 가격이 실시간으로 변동하기 때문에 자산 이전이나 결제 수단으로 활용할 경우 의도치 않게 자산 손실이 발생할 수 있다는 지적이 이어졌던 것이다.

스테이블코인 시장이 활성화되기 이전까지는 XRP의 장점인 빠른 전송속도와 낮은 수수료 때문에 많은 투자자가 XRP를 이용해 국내 거래소에서 해외 거래소로 자산을 이전했다. 그러나 송금 효율성과 안정성을 동시에 확보한 스테이블코인이 나타나면서 XRP의 활용도는 상대적으로 줄어들었다. 가격 변동이라는 구조적인 리스크를 해소하지 못했기 때문이다.

이러한 배경 속에서 리플랩스는 달러와 연동된 진짜 스테이블코인 발행에 나섰다. 2024년 9월, 리플랩스는 미국 달러에 1:1로 연동되는 자체 스테이블코인 RLUSD Ripple USD를 발행했고 같은 해 12월에는 뉴욕 금융감독국으로부터 공식 발행 승인을 받았다. RLUSD는 자체 블록체인 네트워크인 XRPL 위에 구축되었으며 USDT나 USDC처럼 달러 기반 담보자산을 보유하여 가치를 유지하는 구조다. 2025년 6월 기준 RLUSD의 시가총액은 약 4억 달러(한화 약 5,500억 원)로 전체 스테이블코인 중 13위에 해당한다. 아직 경쟁자들에 비해 규모가 크다고 볼 수는 없으나, RLUSD는 지니어스 법안이 통과되기 전 시장의 불확실성을 감안해 유통량을 제한하는 전략을 택했다는 점에서 의도적인 성장 조절로도 해석할 수 있다.

리플랩스가 처음 XRP를 발행했을 때의 비전대로라면 RLUSD는 송금과 결제에 특화된 실용적 스테이블코인으로 자리 잡게 될 것이다. 다만 최근 들어 스테이블코인이 송금 수단을 넘어 실물 자산 기반 금융 서비스에 접목되는 흐름이 본격화되면서 RLUSD 역시 활용 범위를 확장할 가능성이 커졌다. 가령 블랙록이 서클과 협력해 실물 자산 기반 토큰화 펀드인 BUIDL을 선보인 것처럼 리플랩스 역시 RLUSD를 실물 연계 자산 시장 진출의 핵심 수단으로 삼을 수 있다는 전망이 나온다.

실제로 리플랩스는 XRP 프로젝트 초기에는 국경 간 결제에 집중했지만, XRPL 출시 이후에는 다양한 금융 서비스를 개발하며 사업 영역을 넓히고 있다. 최근에는 기관 투자자들을 대상으로 한 디지털 자

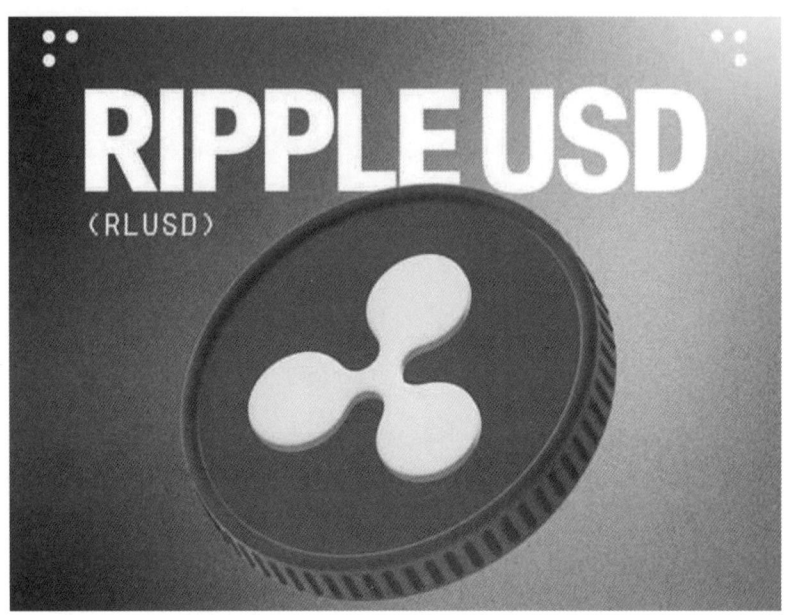

리플랩스의 스테이블코인 RLUSD는 해외 송금에 혁신을 불러온 주역이다.

산 통합 유동성 플랫폼 'Crypto Liquidity'를 출시했으며 중앙은행 대상 CBDC 발행 및 유통을 지원하는 솔루션인 'CBDCs'도 함께 운영 중이다. 아시아와 남미 지역을 중심으로 디지털 결제 인프라 확대를 적극적으로 추진하고 있고, 향후 XRPL 기반의 실물 연계 자산 프로토콜도 출시하겠다는 계획까지 밝혔다.

결국 RLUSD는 리플랩스의 새로운 글로벌 디지털 금융 전략의 핵심으로 자리매김할 가능성이 높다. 과거 XRP가 송금 시장에서 차별화된 기술력을 입증한 만큼 RLUSD는 이를 계승하면서도 시세 변동이라는 구조적 한계를 보완한 확장형 모델로 발전하는 중이다. 이러한 흐름은 스테이블코인이 전통 금융과 블록체인 금융을 잇는 연결 고리로 진화하고 있다는 하나의 상징적 사례로도 읽힌다.

미국 정계를 후원하는 큰손 리플랩스

이미 테더가 스테이블코인 시장을 거의 독점하고 서클이 2인자로 입지를 굳힌 상황에서, RLUSD 역시 빠르게 성장할 수 있으리라는 전망이 나오는 데는 이유가 있다. 리플랩스가 최근 미국 정치권과의 관계를 적극적으로 강화하고 있기 때문이다. 특히 트럼프 대통령과의 지속적인 접촉은 RLUSD의 향후 확산 가능성을 더욱 높여주는 요소로 작용하고 있다.

2024년, 미국 대선이 치러지면서 리플랩스는 새로운 정치 후원금 공급처로 급부상했다. 미국에서는 2010년 연방 대법원이 정치자금 기부에 대한 상한선을 폐지함에 따라 슈퍼팩Super PAC을 통한 사실상 무제한 기부가 가능해졌고 이로 인해 선거 자금의 자본 의존도가 크게 높아졌다. 리플랩스는 디지털 자산에 우호적인 정치인을 후원하는 슈퍼팩인 페어셰이크Fairshake에 2,500만 달러(한화 약 345억 원)를 기부했다. 페어셰이크는 특정 정당에 소속되지 않은 무소속 성향의 슈퍼팩이다. 디지털 자산 산업에 긍정적인 정책을 펼칠 가능성이 있는 인물을 선별해 집중적으로 후원하는 식으로 활동한다. 리플랩스는 이미 2023년에도 동일한 액수를 기부한 적이 있다.

　페어셰이크는 2024년 대선 당시 미국 내에서 가장 많은 자금을 확보한 슈퍼팩으로 총 1억 1,000만 달러(한화 약 1,520억 원)에 이르는 정치자금을 조달한 것으로 알려졌다. 이 가운데 상당 부분이 리플랩스를 비롯한 디지털 자산 업계로부터 나왔다. 실제로 코인베이스와 앤드리슨 호로위츠a16z 같은 대형 크립토 기업들도 이 슈퍼팩의 주요 기부자로 이름을 올린 바 있다. 이 흐름의 중심에 있는 인물이 바로 리플랩스의 최고경영자 브래드 갈링하우스Brad Garlinghouse다.

　일회성 기부에 그치는 대신, 갈링하우스는 트럼프 대통령 당선 이후 디지털 자산 산업에 대한 이해도를 높이기 위해 직접적인 교류를 확대하고 있다. 주요 콘퍼런스와 민간 포럼에서 대통령과 직접 회동하거나 백악관에서 면담을 진행하는 등 정치권과의 관계를 강화하며 입지를 넓혀가는 상황이다. 2026년 예정된 미국 중간선거에서도 리플랩스는 다시 한번 2,500만 달러를 페어셰이크에 추가 기부하기로 결정했다.

　미국 정치판의 큰손으로 부상한 리플랩스는 디지털 자산 산업 전반에 긍정적인 시그널을 줄 뿐만 아니라 RLUSD를 비롯한 자사의 핵심 스테이블코인 사업을 확장하는 데도 유리한 정치적 기반을 확보하려 애쓰고 있다. 정책과 규제의 방향성이 불확실한 시장에서는 정부와의 관계가 곧 시장 진입과 생존 가능성을 좌우하는 변수로 작용하는 만큼, 갈링하우스의 정치적 행보는 리플랩스의 기업 전략 측면에서도 장기적으로 유의미한 효과를 낼 것으로 보인다.

법적 리스크에서 해방되다

리플랩스가 정치권과 유기적인 관계를 맺으며 적극적인 활동을 이어간 결과, 분명한 성과가 뒤따랐다. 4년 이상 이어졌던 미국 증권거래위원회SEC와의 법적 분쟁이 마침내 마무리된 것이다.

SEC는 2020년 12월 리플랩스를 상대로 소송을 제기했다. 리플랩스가 판매한 XRP가 미등록 증권에 해당하며, 등록되지 않은 방식으로 약 13억 달러를 불법 조달했다는 주장이었다. 그러나 2023년 미국 법원은 일반 투자자 대상 판매는 증권법 적용을 받지 않는다고 판결했다. SEC는 항소를 예고했으나 2025년 3월 전격 취하하며 소송은 종결되었다. 이 과정에서는 트럼프 행정부의 친 디지털 자산 정책과 SEC 조직 개편, 코인 반대론자인 게리 겐슬러 위원장의 사임이 결정적 역할을 한 것으로 분석된다.

가장 큰 법적 리스크였던 SEC와의 소송이 공식적으로 종료된 데다 리플랩스가 미국 정치권에서 무시하기 힘든 규모의 정치 후원자로 자리매김하고 있는 만큼, 리플랩스의 스테이블코인 사업 역시 힘을 받을 가능성이 크다. 법적 불확실성이 제거되며 RLUSD를 비롯한 디지털 자산이 미국 내에서도 안정적인 인프라를 토대로 성장할 수 있게 된 것이다. 특히 트럼프 행정부 아래에서 민간 스테이블코인에 우호적인 입법이 이어지고 있으니, 리플랩스의 사업 환경은 한층 더 유리해질 전망이다.

페이팔 PYUSD
결제 회사에서 스테이블코인 발행사로

▪▪▪▪

미국의 대표 결제 플랫폼인 페이팔PayPal은 일론 머스크와 피터 틸이 창업한 회사다. '페이팔 마피아'라는 말이 있을 정도로 실리콘밸리에 미치는 영향이 어마어마한 수준이다. 2023년, 페이팔은 달러 기반 스테이블코인 PYUSD PayPal USD를 공식 발행하며 금융 산업에 새로운 바람을 일으켰다. 전통적인 결제 회사와 블록체인 기반 스테이블코인 발행자의 경계를 허무는 역사적인 사건이었다.

지금까지 스테이블코인 시장은 블록체인 기술 중심의 기업들이 주도해왔다. 그러나 페이팔처럼 거대한 규모의 결제 플랫폼이 직접 스테이블코인을 발행한 일은 업계에 큰 충격을 안길 수밖에 없었다. 페이팔은 전 세계적으로 4억 명 이상의 사용자와 3,000만 개 이상의 가맹점을 보유한 세계 최대의 결제 플랫폼인 데다 기존의 신용카드 네트워크나 은행 시스템과 긴밀히 연결된 기업이기도 하다. 이런 회사가 자체 스테이블코인을 발행했다는 사실은 단순한 기술적 혁신만을 의미하지 않는다. 기존의 금융 시스템과 경쟁하거나 심지어 그를 대체할 가능성을 열어젖힌 것이나 다름없다.

디지털 자산 결제를 향한 페이팔의 도전

페이팔은 2020년부터 비트코인, 이더리움, 라이트코인 등 주요 디지털 자산을 통한 결제를 지원하며 블록체인 기술과의 접점을 넓혀왔다. 당시 페이팔은 단순히 디지털 자산 결제를 확장하는 데 그치지 않고, 사용자들이 플랫폼 내에서 구매·보관·송금할 수 있는 기능을 추가하며 디지털 자산 생태계로의 진입을 가속화했다. 이러한 초기 도전은 PYUSD 발행의 중요한 토대가 되었다. 디지털 자산 결제 서비스를 통해 축적된 노하우, 블록체인 기술에 대한 이해 그리고 규제 당국과의 협력 경험은 페이팔이 PYUSD를 성공적으로 출시할 수 있는 발판을 마련했다.

    PYUSD는 미국 달러에 1:1로 연동된 스테이블코인으로, 페이팔의 기존 결제 인프라와 블록체인 기술을 융합하여 사용자들이 일상적인 온라인 쇼핑과 P2P 송금, 심지어 오프라인 결제까지 원활하게 거래할 수 있도록 설계되었다. 예를 들어 사용자는 페이팔 계정 내에서 PYUSD를 달러 혹은 다른 코인으로 변환하거나, 이를 이용해 전 세계 가맹점에서 결제할 수 있다. 이러한 유연성은 페이팔이 스테이블코인을 실질적인 결제 수단으로 자리 잡게 하는 핵심 요소로 기능했다. PYUSD의 등장은 결제 산업과 블록체인 시장 모두에 새로운 가능성을 열었다. 페이팔의 입장에서는 글로벌 금융 시스템에서 차지하는 역할을 재정의하려는 야심 찬 시도였다고도 해석할 수 있다.

우선 페이팔은 PYUSD를 통해 비자나 마스터카드 같은 기존의 신용카드 네트워크의 의존도를 낮췄다. 자체적인 블록체인을 구축함으로써 느린 결제 처리 속도를 극복했고, 거래 수수료 비용도 절감하게 되었다. 이는 특히 소액 결제나 국제 송금 분야에서 경쟁력을 강화할 것으로 보인다. 뿐만 아니라 PYUSD는 블록체인 기반의 디지털 경제로의 전환을 가속화하며, 디파이·NFT·메타버스 등 다양한 분야에서 활용될 가능성을 제시했다.

다른 스테이블코인과의 경쟁에서 페이팔이 어떤 입지를 확립해나갈 수 있을지는 쉽게 상상할 수 있다. PYUSD가 페이팔의 글로벌 사용자 네트워크와 결합한다면 다른 스테이블코인보다 더 빠르게 대중화를 이끌어낼 가능성이 크다. 이미 페이팔은 PYUSD를 자사 소셜 결제 앱인 벤모Venmo와 통합해 사용자가 벤모에서 PYUSD를 구매하고 페이팔과 벤모 혹은 외부 지갑을 통해 PYUSD를 다른 사람에게 이체할 수 있도록 했다. 여기에 오프라인 결제 네트워크를 확대 적용한다면 결제용 스테이블코인으로는 다른 어느 경쟁자보다도 활용성이 높아질 것이다. 또 CBDC와의 상호 운용성을 모색하거나, 다른 블록체인 네트워크와의 가교 역할을 수행하며 새로운 금융 생태계를 구축할 가능성도 배제할 수 없다.

블록체인 결제 생태계와의 시너지

페이팔은 블록체인 기술 전문가가 아닌 결제 회사이기 때문에 자체적으로 코인 결제 시스템을 구축하고 지갑 서비스를 추가하는 일에는 한계가 있었다. 블록체인 기반 코인 결제 시스템 구축이나 디지털 지갑 서비스 개발은 높은 기술적 복잡성과 자원 투자를 요구하는 작업이다. 때문에 페이팔은 자체적으로 기술을 개발하는 데 시간과 비용을 투자하기보다는 블록체인 생태계의 주요 플레이어들과 전략적 파트너십을 맺는 쪽을 택했다.

초기 PYUSD는 이더리움 블록체인에서 발행되어 디파이와 NFT 등 다양한 서비스와의 상호 운용성을 확보했지만, 높은 수수료와 느린 처리 속도가 한계였다. 이를 보완하기 위해 페이팔은 거래 속도가 빠르고 수수료가 낮은 스텔라루멘 네트워크를 추가해 실시간 결제를 지원했다. 스텔라루멘의 개발자 친화적인 소프트웨어 개발 도구SDK와 애플리케이션 프로그래밍 인터페이스API 덕분에 PYUSD를 페이팔 결제 시스템에 쉽게 통합할 수 있었고, 다른 핀테크 기업과의 협력도 가능해졌다. 나아가 문페이MoonPay와의 협업으로 신용카드나 은행 계좌를 통한 PYUSD 구매 및 현금화가 쉬워져 사용자 접근성이 크게 향상되었다.

규제 준수와 높은 신뢰로 확장하는 페이팔 결제 생태계

스테이블코인 시장에서 가장 큰 도전 과제 중 하나는 단연 규제 준수와 사용자 신뢰 확보다. 페이팔은 PYUSD를 미국의 규제에 발맞춰 발행하며 높은 수준의 신뢰성을 확보했다. PYUSD는 페이팔의 파트너인 팍소스Paxos Trust Company가 관리하며, 발행된 모든 코인은 현금 및 단기 미국 국채로 100% 뒷받침된다. 서클과 마찬가지로 매달 독립적인

PYUSD가 4억 명의 페이팔 글로벌 사용자 네트워크와 결합한다면 다른 스테이블코인보다 더 빠르게 대중화하는 데 유리한 입장이다.

제3자 감사를 통해 자산 내역을 공개함으로써 사용자와 규제 당국 모두에게 투명성을 제공하고 있다. 페이팔이 이미 전 세계적으로 엄격한 금융 규제를 준수하며 쌓아온 경험을 PYUSD에 적용한 것이다. 이는 특히 미국과 유럽의 주요 시장에서 PYUSD의 빠른 채택을 촉진하는 데 중요한 역할을 했다. 사용자 입장에서도, 이미 페이팔이라는 친숙한 플랫폼에서 제공되는 스테이블코인은 새로운 블록체인 기술에 대한 진입 장벽을 낮추는 데 기여했다.

이처럼 페이팔이 PYUSD를 통해 보여준 대담한 행보는 결제 회사와 블록체인 기술의 융합이 가져올 미래를 예고한다. 단순히 새로운 결제 수단을 넘어, 글로벌 금융 시스템의 판도를 바꿀 수 있는 혁신의 시작점이 도래한 것이다. 페이팔은 이미 전 세계 사용자 기반, 규제 인프라 그리고 블록체인과의 협력을 통해 PYUSD를 성공적으로 안착시켰다. 앞으로 PYUSD가 어떻게 진화하며 디지털 경제의 중심에 자리 잡을 수 있을지 이목이 집중되는 시점이다.

팍소스 USDP
신뢰를 제도화한 스테이블코인의 모범생

스테이블코인 산업에서 팍소스는 언제나 조금 다른 길을 걸어왔다. 회사의 이름은 고대 철학자들이 이상 국가를 논했다는 그리스의 작은 섬 '팍소스Paxos'에서 영감을 받았다고 알려져 있다. 공동 창업자인 찰스 카스카릴라Charles Cascarilla와 리치 테오Rich Teo는 2012년, 암호화폐 거래소 '잇비트itBit'를 설립하면서 이 여정을 시작했다. 이후 팍소스는 단순한 거래소를 넘어, 블록체인 인프라와 자산 토큰화, 스테이블코인 발행 등 보다 구조적이고 책임 있는 금융 기술을 만들어가는 기업으로 성장해왔다. 다른 기업들이 기술혁신과 시장점유율을 앞세울 때, 팍소스는 언제나 규제와의 공존을 먼저 고민했다. 그들은 스스로를 '블록체인 스타트업'이 아닌, '전통 금융 시스템과 함께 호흡하는 인프라 기업'으로 규정했다. 팍소스가 처음부터 강조한 가치는 단순하고 명확하다. 기술보다 앞서야 하는 것은 언제나 '신뢰'이며, 그 신뢰는 법과 제도의 테두리 안에서만 완성될 수 있다는 것이다.

팍소스는 2015년, 뉴욕 금융감독국 NYDFS 으로부터 디지털 자산 업계 최초로 신탁회사 Trust Company 인가를 받았다. 이는 디지털 자산을 법적으로 발행하고 보관할 수 있는 공식적인 금융 기관으로서의 지위를 획득했다는 의미이며, 준비금 보고, 외부 회계감사, 자산 격리, 고객 보호 등 엄격한 법적 요건이 뒤따른다.

2018년, 팍소스는 'Paxos Standard'라는 이름으로 미국 달러에 연동된 스테이블코인을 발행하기 시작했고, 이후 이름을 USDP Pax Dollar 로 바꾸어 지금까지 이어오고 있다. USDP는 1달러당 1개의 토큰이 발행되며 그 담보자산은 모두 현금 또는 미국 국채로 구성된다. 즉 가치 안정성을 최우선으로 두는 극단적 보수주의 원칙을 지키고 있다. 이 일관된 철학은 금 1온스를 디지털 토큰으로 발행한 PAXG Paxos Gold 에서도 확인된다. 팍소스는 매달 외부 회계법인의 감사를 받고, 준비금 내역을 누구나 열람할 수 있도록 웹사이트에 투명하게 공개한다. 이러한 운영 방식 덕분에 '규제를 가장 충실하게 준수하는 스테이블코인 발행사'라는 평가를 받게 되었다.

팍소스가 전 세계적으로 주목받게 된 계기는 앞서 언급했듯 2019년, 세계 최대 거래소인 바이낸스와의 협업을 통해 발행한 바이낸스 달러 BUSD였다. 바이낸스가 브랜드를 제공했고, 팍소스가 발행 주체로서 담보자산의 보관과 회계 관리를 맡았다. 이러한 구조는 BUSD를 빠르게

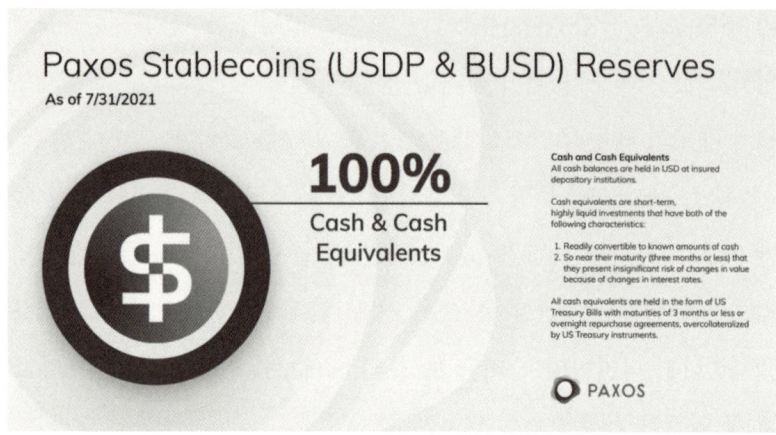

신뢰를 최우선에 두는 팍소스는 전통 금융사와 공존하는 인프라 기업으로 스스로를 규정한다.

대형 스테이블코인 반열에 올려놓았고, 한때 USDC에 필적하는 수준까지 성장하게 했다. 2022년 초 BUSD의 시가총액은 약 144억 달러(한화 약 20조 원)에 이르렀고, USDP를 포함한 팍소스 전체 스테이블코인 발행액은 154억 달러를 넘어서며 당시 전체 시장 3위에 올랐다.

하지만 2023년 2월 말, 뉴욕 금융감독국은 바이낸스의 통제력 부족 문제를 지적하며 BUSD 발행 중단을 명령했고, 팍소스는 이에 즉각 협조했다. 구체적으로 설명하자면, 인가받은 발행사인 팍소스가 실질적으로 BUSD를 관리·운영함에도 불구하고 이름은 바이낸스 브랜드를 전면에 내세운 구조가 규제 회피의 수단으로 악용될 수 있다는 우려가 제기된 것이다. 즉, 인가받은 사업자가 아닌 바이낸스가 사용자와의 접점에 있는 반면, 실제 규제를 받는 팍소스는 브랜드 전면에서 비켜난 상태였기에 책임과 통제의 경계가 흐려질 수 있다는 판단이었다. 이 사건으로 팍소스의 시장점유율은 크게 감소했지만, 동시에 이 기업이 무엇을 우선시하는지를 명확히 보여주는 사례가 되었다. 팍소스는 발행 중단 이후에도 BUSD의 상환을 책임 있게 처리했고, 이후 전략을 다시 USDP 중심으로 회귀시켰다.

이후 팍소스의 스테이블코인 발행 총액은 눈에 띄게 줄었다. 2024년 초 기준, USDP와 잔여 BUSD를 합한 시가총액은 약 4억 8,000달러(한화 약 6,650억 원)로 줄었고, 전체 스테이블코인 시장에서의 순위는 9위권으로 밀려났다. 하지만 현재 팍소스는 위기를 기회로 바꾸고 있다. 페이팔의 자체 스테이블코인 PYUSD 역시 팍소스의 기술 인프라와 신탁 구조를 기반으로 구축되었으며, 마스터카드, 뱅크오브아메리카BoA와 같은 전통 금융기관과의 협업도 활발히 이어지고 있다. 팍소스는 점점 더 '발행사'가 아니라 '규제 친화적인 금융 인프라 제공자'로서의 정체성을 강화해가는 중이다.

비록 USDP와 BUSD의 시가총액은 줄었지만 이 기업이 보여준 태도는 단단하다. 스테이블코인 산업이 여전히 회색지대를 넘나드는 상황에서, 팍소스는 늘 법과 규제의 테두리 안에서 책임을 다하는 방식으로 움직여왔다. 그 조용한 선택들은 신뢰라는 가치를 스테이블코인의 핵심으로 떠올리게 만들었고, 지금도 그렇게 작동하고 있다.

바이낸스 BUSD
세계 1위 거래소의 도전과 실패

지금까지는 블록체인 기술 업체나 결제 서비스 기업이 주도적으로 스테이블코인을 발행한 사례를 살펴보았다. 이쯤 되면 자연스러운 질문이 하나 떠오른다. 디지털 자산 시장에서 가장 중요한 인프라이자 거래 중심지 역할을 하는 디지털 자산 거래소는 왜 스테이블코인 발행에 손을 대지 않았느냐는 점이다. USDT나 USDC처럼 주요 스테이블코인은 대부분의 거래소에서 기축통화처럼 거래쌍으로 쓰이고 있고, 스테이블코인을 통해 거래되는 수수료 역시 거래소의 수익원이 된다. 만약 거래소가 직접 스테이블코인을 발행한다면 외부 코인을 빌려 쓰지 않아도 되고 수수료 수익도 직접 챙길 수 있으니, 더할 나위 없이 유리하지 않을까?

거래소가 발행한 BUSD와
원화 스테이블코인 BKRW

　글로벌 최대 거래소인 바이낸스는 이러한 전략을 실제로 실행에 옮긴 대표적인 사례다. 바이낸스는 커스터디(수탁) 기업인 팍소스와 함께 2019년 미국 달러 기반 스테이블코인인 BUSD를 발행했다. BUSD는 바이낸스 내에서 다양한 거래쌍을 지원했으며 수많은 거래소 회원들로 하여금 자연스럽게 BUSD를 이용하도록 유도했다. 이를 통해 바이낸스는 코인 발행과 유통, 거래와 수수료 수익까지 하나의 체계로 통합할 수 있었다.

　바이낸스의 스테이블코인 사업은 달러 기반에만 그치지 않았다. 한국 시장을 타깃으로 원화 스테이블코인을 발행한 적도 있다. 2020년 3월, 바이낸스는 한국 기업인 BXB를 인수했다. BXB는 원화 연동 스테이블코인 BKRW를 개발한 회사였다. 한국은 적은 인구수에 비해 세계적으로도 손에 꼽힐 만큼 디지털 자산 거래량이 많은 국가인데, 그럼에도 이전까지 바이낸스는 한국 시장에 쉽게 진출하지 못했다. 업계에서는 BXB 인수가 바이낸스의 한국 시장 진출을 위한 교두보가 될 것이라고 예상했다.

　BKRW는 바이낸스의 자체 블록체인 네트워크인 BEP-2를 기반으로 하며 1개의 코인이 1원으로 고정된 가치를 갖도록 설계되었다. 당시 바이낸스는 BKRW를 활용해 한국 시장에서의 입지를 강화하고자 했고, BKRW를 통해 자사의 글로벌 생태계와 한국 사용자를 연결하

세계 최대 코인 거래소의 스테이블코인 발행은 사용자 확보 실패와 규제의 강화에 막혀 실패로 막을 내렸다. 최초의 원화 스테이블코인 BKRW 역시 빠르게 사라졌다.

겠다는 비전을 내세웠다. BKRW는 바이낸스 내에서 비트코인이나 이더리움 등의 주요 코인들과 거래쌍이 지원되는 원화 기반 디지털 자산 거래라는 새로운 접근 방식을 제시했다.

하지만 그 시도는 오래가지 못했다. 바이낸스는 BKRW 발행 8개월 만에 거래를 중단했고, 한국어 서비스 및 P2P 원화 거래도 차례로 종료했다. 이유는 명확했다. 시장에서의 수요가 충분하지 않았고, 거래량 역시 기대에 미치지 못했기 때문이다. 무엇보다 2021년을 기점으로 한국 정부가 해외 디지털 자산 거래소 규제를 강화하면서 바이낸스가 국내에서 짊어져야 할 부담이 커졌다. 결국 바이낸스는 BKRW

의 거래를 사실상 중단했고, 프로젝트는 조용히 막을 내렸다.

이후 바이낸스는 달러 기반의 BUSD에 집중했지만 이 역시 순탄치 않았다. 2022년과 2023년에 걸쳐 미국 재무부와 증권거래위원회, 뉴욕 금융감독국 등의 규제 당국이 전방위적으로 스테이블코인의 발행 및 준비금 운영에 대한 조사를 강화한 것이다. BUSD는 USDT나 USDC에 비해 규제 리스크가 커졌다. 실제로 뉴욕 금융감독국은 BUSD 발행사인 팍소스에 대해 BUSD 발행 중단 명령을 내렸고, 바이낸스 역시 BUSD를 점차 플랫폼에서 제외하는 방향으로 전환했다.

이용자 확보 실패와 규제의 강화

거래소가 직접 스테이블코인을 발행하고 이를 자사 플랫폼에서 중심 화폐로 사용하는 전략은 분명 강력한 통제력과 수익 구조를 제공할 수 있다. 그러나 바이낸스 사례에서 알 수 있듯, 이 전략이 성공하려면 반드시 해결해야 할 몇 가지 요건이 존재한다. 첫째는 충분한 유동성과 사용자 수요다. 거래소가 자체 스테이블코인을 발행하더라도 실제로 그것을 이용하는 사용자가 많지 않으면 거래소 내부 유통도 불안정해지고 가격 안정성도 위협받는다. 둘째는 규제 리스크다. 거래소가 스테이블코인을 발행하는 순간, 그 스테이블코인은 금융 당국의 직접적인 규제 대상이 된다. 특히 각국에서 자금세탁방지와 자본시장법 적용 문제에 민감하게 반응하는 상황에서 거래소의 스테이블코인은 규제 기관의 우선 감시 대상이 될 수밖에 없다. 발행과 유통을 같이 운영한다는 측면에서 이해 상충 문제도 발생한다.

바이낸스의 실패는 글로벌 거래소가 각국 통화 기반 스테이블코인을 발행할 때 마주하는 구조적 한계를 잘 보여주는 사례다. 결국 스테이블코인 발행은 단순히 거래를 위한 수단이 아니라, 법적 안정성과 시장 유동성, 사용자 신뢰라는 세 가지 조건이 모두 갖춰질 때에만 성공할 수 있는 사업임을 입증한 셈이다.

미국 국채 시장의
새로운 게임체인저

'디지털 자산의 수도 건설' 천명한
트럼프 대통령

트럼프 행정부는 2024년 대선 캠페인 기간부터 미국을 '디지털 자산 수도'로 만들겠다는 야심 찬 목표를 밝혔다. 이를 위해 암호화폐 관련 공약을 강조하기도 했다.

    놀랍게도 이 공약 중 대다수는 트럼프 대통령 취임 후 빠르게 실행되었다. 특히 대표적인 비관론자였던 게리 겐슬러 전 SEC 위원장의 사임은 리플 관련 소송을 포함한 수백 건의 디지털 자산 관련 소송에 영향을 미쳤다. 또 새로운 SEC 위원장으로 친 디지털 자산 성향의 폴

트럼프 대통령이 발표한
디지털 자산 공약

- ✓ 취임 첫날, 게리 겐슬러 SEC 위원장 해임
- ✓ 국가 전략 준비자산으로 비트코인 비축
- ✓ 미국을 비트코인 및 암호화폐 수도로 건설
- ✓ 다크웹에서 압수한 203,650 BTC 보관 유지
- ✓ 비트코인에 대한 자본이득세 폐지
- ✓ 비트코인 채굴업 지원
- ✓ 암호화폐 규제 완화
- ✓ 대통령 소속 암호화폐 자문위원회 출범
- ✓ 개인의 암호화폐 자체 보관(셀프 커스터디) 권리 보호
- ✓ CBDC 발행 금지 및 민간 스테이블코인 부흥

앳킨스Paul Atkins를 지명하고, 다크웹에서 압수한 비트코인을 국가 전략 자산으로 편입시키는 등 적극적인 조치가 이어졌다.

이러한 조치는 기존에 보관하던 비트코인을 회계적으로 점검하고, 공식적인 국가 관리 체계에 편입시킨 것으로 해석할 수 있다. 과거 비트코인은 돈세탁이나 범죄와 곧잘 연관되어 부정적 인식이 강했으며, 거래량 증가와 시세 상승에도 불구하고 여전히 '가치 없는 자산'이

라는 주장이 존재했다. 그러나 미국 정부가 비트코인을 전략 자산이자 '가치 있는 자산'임을 공언함으로써 글로벌 디지털 자산 시장의 인식까지 바뀌게 된 것이다. 이는 다른 국가들에도 디지털 자산에 대한 정책적 방향성을 제시하는 강력한 시그널로 작용했으며 한국을 포함한 여러 국가의 암호화폐 정책 변화에 영향을 미칠 가능성이 크다.

미국의 전략적 도구로 활용되는 스테이블코인

사실 트럼프 일가는 일찌감치 스테이블코인을 직접 발행하며 적극적으로 생태계에 진입해 있다. 2024년 10월, 트럼프 대통령의 아들인 도널드 트럼프 주니어와 에릭 트럼프는 '월드 리버티 파이낸셜World Liberty Financial, WLFI'이라는 디파이 프로젝트를 공식 출범하고 스테이블코인 'USD1'을 함께 발행했다. 또한 WLFI 프로젝트의 네이티브 토큰 'WLFI'도 별도로 발행해 판매했으며, 이 토큰 구매자에게는 USD1을 보너스로 배포하는 방식으로 커뮤니티 유입을 유도했다. 결국 출시 수개월 만에 USD1의 시가총액은 약 22억 달러 규모로 성장했다.

재집권 이후 트럼프 행정부는 디지털 자산을 전략산업으로 규정하며 특히 스테이블코인을 핵심 자산으로 삼았다. 이를 상징하는 조치가 바로 중앙은행 디지털 화폐 발행 금지와 민간 스테이블코인 활성화를 위한 지니어스 법안 통과였다. 이 법안은 스테이블코인의 법적

가상 화폐의 수도를 꿈꾸는 트럼프 대통령은 아들이 대표로 있는 월드 리버티 파이낸셜을 통해 USD1이라는 스테이블코인을 직접 출시하기도 했다.

불확실성을 해소하고 시장을 육성하기 위한 토대를 마련했다. 그러나 이는 단순한 산업 진흥책이 아니라, 미국이 직면한 막대한 연방 부채 문제를 완화하기 위한 전략적 선택으로 해석된다.

2025년 5월 기준 미국 연방 부채는 36조 달러를 넘어섰으며, GDP 대비 130% 이상에 달한다. 주요 신용 평가사들이 미국의 등급을 하향 조정하는 등 시장의 경계가 커지는 추세다. 게다가 중국, 일본 등 전통적인 해외 매입국들이 미국 국채 보유량을 줄이면서 미국 재무부는 새로운 수요처 발굴이 절실해졌다.

이 지점에서 스테이블코인의 역할이 부각된다. USDT, USDC 같은 스테이블코인은 달러에 연동되어 발행될 때 준비금으로 미국 국채를 대량 매입한다. 실제로 2025년 기준 테더는 약 1,200억 달러, 서클은 약 150억 달러 규모의 미국 국채를 보유하고 있다. 이는 한국의 국채 보유량과 맞먹는 수준이다. 민간 발행사가 전례 없이 큰 국채 매수 주체로 떠오른 것이다. 미국 정부가 민간 스테이블코인의 글로벌 확산을 통해 달러 수요를 유지하고 통화 패권을 공고히 할 수 있다는 점을 일찌감치 인식해, 스테이블코인을 미국 경제 전략의 한 축으로 삼은 셈이다.

이러한 미국의 움직임은 테더처럼 미국 외에 기반을 둔 외국계 스테이블코인 발행사에게는 진입 장벽으로 작용하는 반면, 서클과 같은 미국 내 기반 기업에게는 시장점유율 확대의 기회로 작용할 것이다. 미국 의회 내 일부 위원회에서는 스테이블코인 발행사의 미국 국채 보유 상한선을 제한하거나 일정 기준 이상 보유 시 연방준비제도Fed의 승인 요건을 부여하는 방안까지 논의되고 있기 때문이다.

이처럼 스테이블코인의 확산은 미국의 외환시장 안정화, 국채 수요 창출, 금융 패권 유지라는 전략적 도구로 진화하고 있다. 달러 약세 국면에서 미국은 금리 인상이나 직접 개입 대신 민간이 주도하는 디지털 달러 네트워크를 확장해 글로벌 수요를 유지하는 전략을 택했다. 이러한 흐름은 스테이블코인이 디지털 시대의 '사설 국채 은행' 역할을 하며 미국이 세계 금융 질서를 재편하는 핵심 수단이 될 가능성을 보여준다.

| 3장 |

세계는 지금, 스테이블코인 전쟁 중

위협인가, 기회인가?
국가별 대응 전략

스테이블코인은 각국 정부의 전략, 통화 주권, 경제 질서 전반을 뒤흔드는 핵심 변수로 부상하고 있다. 법적 지위는 여전히 불안정하지만 실제로는 이미 우리의 삶과 금융 시스템에 깊숙이 들어온 상태다. 국가들은 이 새로운 통화의 등장을 두고 뚜렷하게 갈라진 길 위에 서 있다. 어떤 나라는 민간 기업이 발행한 스테이블코인을 적극 수용하며 제도권 안으로 끌어들이고, 또 어떤 나라는 정부가 직접 나서 CBDC를 발행하는 방식으로 대응한다. 그리고 대부분의 나라들은 이 두 입장 사이에서 갈피를 잡지 못한 채 방향성을 탐색 중이다.

통화 주권을
뒤흔드는 화폐 혁명

그렇다면 왜 지금 스테이블코인이 범국가적인 이슈로 떠오른 것일까? 이유는 간단하면서도 근본적이다. 화폐는 결국 국가가 가진 주권의 상징이기 때문이다. 특히 통화 주권은 수출입, 외환 보유고, 금리 결정, 물가 안정 등 국가 경제정책의 핵심 수단이었다. 그런데 스테이블코인은 기존 시스템이 당연하게 전제했던 세 가지 원칙인 국경, 중앙은행, 국가 발행을 모두 건너뛴다. 그 결과 정부가 발행하지도 않았고 중앙은행이 통제하지도 않는 돈이 인터넷을 통해 국경을 넘나들며 사용되기 시작했다. 어떤 나라에선 국민들이 자국 화폐 대신 달러 기반 스테이블코인을 월급처럼 받고, 또 다른 나라에선 정부의 외환 규제를 우회해 해외 결제를 처리하는 데 사용되고 있다.

이러한 변화는 일부 국가에게는 위협으로 느껴진다. 통화정책이 제대로 작동하지 않을 수 있다는 우려, 외환 통제가 무력화될 수 있다는 두려움, 민간 자산이 법정화폐의 기능을 대체하는 현상에 대한 불안 등이 뒤섞인다. 하지만 다른 일부 국가는 이 변화를 정면으로 받아들인다. 특히 미국은 스테이블코인을 위협이 아니라 기회로 보고 있다. 트럼프 2기 행정부에선 그 현상이 유독 강하다. 달러 기반의 스테이블코인을 민간 기업이 전 세계에 유통하게 되면, 그것은 곧 디지털 시대의 달러 패권이 자연스럽게 확장되는 효과를 낳는다. 정부가 직접 나서지 않아도 민간이 알아서 달러를 퍼뜨리는 셈이다.

유럽연합EU은 미국과는 다른 접근을 택했다. MiCA라는 디지털 자산 규제법을 만들어 포괄적 규제 프레임워크를 마련했다. 이를 통해 스테이블코인을 법적 제도 안으로 온전히 편입하려는 시도를 하고 있다. 유럽은 통화 주권을 디지털 환경에서도 유지하길 원하며, 유로화 기반의 디지털 화폐와 스테이블코인을 제도적으로 구분하고 관리하려 한다. 그 밖의 국가들도 저마다의 방식으로 이 문제에 접근하고 있다. 싱가포르, 홍콩, 일본 등은 글로벌 금융 허브라는 국가 정체성을 바탕으로 명확한 라이선스 체계를 마련해 혁신과 안정 사이의 균형을 모색하고 있다.

반면 아르헨티나와 나이지리아 같은 나라는 완전히 다른 이유로 스테이블코인을 받아들이고 있다. 통화가치가 급락하고 물가가 치솟는 상황에서 사람들은 더 이상 자국의 법정화폐를 믿지 않는다. 대신 USDT와 같은 달러 연동 스테이블코인을 선택한다. 정부가 아무리 통제하려 해도, 스마트폰과 인터넷만 있으면 누구나 디지털 달러를 보유하고 결제할 수 있다. 이 국민들에게 스테이블코인은 금융 혁신이 아니라 생존 수단이 되고 있는 것이다.

브라질과 필리핀은 또 다른 이야기를 들려준다. 이들 국가는 수많은 해외 노동자들이 가족에게 돈을 보내는 송금 중심 국가다. 지금까지의 국제 송금은 느리고 비싸며 중개 기관이 많다. 그런데 스테이블코인을 이용하면 수수료는 거의 없고, 실시간 전송도 가능하다. 정부는 이를 막기보다는 오히려 일부 규제를 마련해 안정적 사용을 유도하고 있다. 이들 국가에서 스테이블코인은 금융 포용성과 경제 효율을 동시에 높이는 역할을 한다.

거스를 수 없는
디지털 시대의 새로운 화폐 질서

이처럼 스테이블코인을 둘러싼 국가들의 전략은 각기 다르지만, 공통된 질문은 하나다. 우리는 이 기술을 규제할 것인가, 수용할 것인가, 아니면 그보다 앞서 국가가 직접 디지털 화폐를 발행할 것인가? 이는 기술적 선택의 문제가 아니다. 국가의 금융 시스템과 통화정책 그리고 세계 경제 질서에서의 위치를 다시 정립하는 선택이다.

    이번 장에서는 세계 각국이 어떻게 스테이블코인에 대응하고 있는지를 차례로 살펴볼 것이다. 미국의 민간 중심 제도화 전략, 유럽의 규범 중심 편입 전략, 아시아 금융 허브의 라이선스 기반 접근 그리고 신흥국의 생존형 수용 사례까지. 각국은 서로 다른 길을 걷는 듯 보이지만, 결국 한 방향으로 향하고 있다. 그것은 바로 디지털 시대의 새로운 화폐 질서를 향한 움직임이다.

미국
규제와 민간이 함께 움직이는 실험실

미국은 언제나 새로운 질서가 열릴 때 가장 먼저 뛰어들고 가장 넓게 실험해보는 나라였다. 스테이블코인에 대해서도 누구보다 빠르고 복잡하게 움직이는 중이다. 단지 기술이 좋아서도, 시장이 크기 때문만도 아니다. 지금 그들은 스테이블코인을 디지털 달러의 날개로 보고 있다. 즉 미국은 스테이블코인을 자국의 통화 영향력을 확장하는 수단으로 생각하고, 규제와 인프라를 동시에 움직여 전략적으로 대응하고 있다. 미국의 스테이블코인 전략은 한 문장으로 요약된다. "민간이 먼저 만들고, 정부가 나중에 규제한다." 이는 우리가 익히 아는 실리콘밸리식 혁신 모델과도 닮아 있다. 일단 시작하고, 충분히 커진 다음에 법과 제도를 설계하는 방식이다.

미국은 스테이블코인을 위험 자산이 아닌 디지털 화폐로 수용하며, 규제와 민간의 실험이 동시에 이루어지고 있는 드문 국가다. 스테이블코인을 대하는 미국의 태도는 다층적이다. 정부는 규제를 고민하고, 기업은 우회 전략을 짜며, 의회는 새로운 법의 형태를 설계한다. 페이팔은 PYUSD를 출시했고, 서클은 USDC로 뉴욕증권거래소에 상장했으며, JP모건과 블랙록도 각각 디지털 결제와 실물 자산 연계 투자로 영역을 넓혔다. 현재 미국에서는 기술·자본·제도·정치가 얽힌 복합적인 실험이 동시다발적으로 벌어지고 있다. 그 중심에는 하나의 질문이 놓여 있다. "이 민간 화폐가, 미국이라는 국가에게 과연 유리하게 작용할 것인가?"

미국은 명실상부한 기축통화 국가다. 세계의 기준이 되는 달러는 단순한 통화를 넘어 국가 권력을 의미한다. 그렇기에 스테이블코인을 보는 시각도 사뭇 다르다. 많은 개발도상국이 스테이블코인을 통화 주권을 위협하는 변수로 인식하는 반면, 미국은 디지털 시대에 달러를 퍼뜨릴 수 있는 도구로 여긴다. USDT와 USDC 같은 달러 연동 스테이블코인이 전 세계에서 널리 쓰이면 그것이 곧 디지털 달러인 셈이고, 달러 패권은 이어질 수 있다. 바로 이 지점이 미국의 규제와 민간 인프라가 경쟁 대신 서로를 보완하며 전진할 수 있는 이유인 것이다. 지금부터 이 민간 주도의 실험을 이끌고 있는 대표적인 스테이블코인 기업들의 사례를 자세히 살펴보자.

지니어스 법안:
디지털 달러를 향한 천재적 시도

"스테이블코인을 없애려는 게 아닙니다. 하지만 이게 정말 돈이라면, 그에 걸맞은 규칙이 있어야 합니다."

2025년 초, 미국 의회는 이와 같은 문제의식을 담아 하나의 새로운 법안을 공개한다. 이 법안의 이름은 지니어스 법안GENIUS Act, 정식 명칭은 'Guiding and Establishing National Innovation in U.S. Stablecoins'다. 줄임말까지도 의도적으로 멋지게 만든 이 법안은 단순한 법적 기준이 아니다. 스테이블코인을 둘러싼 규제 주도권을 놓고 벌어지는 치열한 권력 경쟁의 상징이다.

지니어스 법안에 담긴 핵심 메시지는 두 가지다. 첫째, 스테이블코인을 기존의 증권이나 파생 상품과 같은 틀 안에서만 보지 말고, 지급 결제용 디지털 자산Payment Stablecoin이라는 새로운 법적 범주를 따로 만들어야 한다는 것이다. 이는 스테이블코인을 주식처럼 다루기도, 석유나 금처럼 분류하기도 애매했던 지금까지의 법적 공백을 메우려는 시도다. 둘째, 누가 이 자산을 감독할 것인지 명확히 하자는 것이다. 지금까지는 연방준비제도, 재무부, 통화감독청, 소비자금융보호국, 그리고 증권거래위원회와 상품선물거래위원회까지 서로 다른 기준으로 해석하고 관할권을 주장해왔다. 말하자면 한 가족의 식탁에서 누가 설거지를 해야 하는지를 두고 형제, 부모, 삼촌, 이웃까지 모두 의견이 갈리는 상황이었다.

이 법안이 등장하자 미국 사회 내부에서도 다양한 반응이 나타났다. 지지하는 이들은 기존처럼 모호한 상태에서는 기업들도, 투자자들도 어떻게 행동해야 할지 몰라 모두가 손해만 본다는 견해를 밝혔다. 규제가 생긴다면 적어도 지켜야 할 선이 분명해지고, 그 결과 더 많은 기업이 참여할 수 있는 길이 열릴 것이라는 논리였다. 반대로 우려하는 입장도 적지 않았다. 정부가 스테이블코인을 결제 수단으로 인정하게 되면, 이는 곧 기존의 통화정책이 약화되거나, 중앙은행이 돈을 통제하는 능력이 줄어드는 결과로 이어질 수 있다는 걱정이었다. 중앙은행의 입장에서도, 자신이 만들지 않은 돈을 사람들이 널리 쓰는 현실

미국 의회의 지니어스 법 통과로 가상 화폐와 스테이블코인은 날개를 얻게 되었다. 가상 화폐의 수도가 되고자 하는 미국의 야망이 반영된 사건이기도 하다.

이 달갑지만은 않았을 것이다. 또 다른 시각은 이 상황을 기회로 보는 사람들이었다. 이들은 스테이블코인 시장은 이미 현실이 되었고, 제도만 정비된다면 기관 투자자들도 본격적으로 참여하게 될 것이며, 미국은 민간이 퍼뜨리는 디지털 달러 구조를 통해 기축통화의 지위를 더 확장할 수 있다고 기대했다.

가장 흥미로웠던 장면은 규제 기관들 사이의 관할권 경쟁이었다. 증권거래위원회는 스테이블코인을 투자 계약 증권, 즉 주식의 일종으로 간주하려 했다. 반면 상품선물거래위원회는 이것이 디지털 상품, 즉 원자재에 가깝다고 주장했다. 여기에 연방준비제도와 통화감독청은 금융 안정성의 문제로 접근하면서, 은행의 건전성이나 리스크 관리 프레임을 적용하길 원했다. 이처럼 입장이 제각각이다 보니, 지니어스 법안은 단순한 금융 법안이 아니라, 미래의 디지털 화폐를 누가 관리할 것인가를 두고 벌이는 관할권 싸움으로 비화되었다.

이 와중에 업계도 잠자코 있지 않았다. 서클, 코인베이스, 리플랩스 등의 업계 대표 기업들은 "우리는 면책을 원하지 않는다. 다만 명확한 기준이 있기를 바란다"라고 밝히며 의회를 향해 로비와 정책 제안을 적극적으로 펼쳤다. 규제 자체에는 동의하지만, 정치적 논리나 불분명한 기준이 시장을 위축시키는 것은 막아야 한다는 현실적인 우려였다.

본격적인 글로벌 디지털
화폐 전쟁의 신호탄

2025년 7월, 미국 연방 하원은 결국 지니어스 법, 디지털 자산 명확화법CLARITY Act, CBDC 금지법Anti-CBDC Surveillance State Act 등 이른바 '디지털 자산 3법'을 최종 통과시켰다. 이는 미국뿐 아니라 세계 디지털 자산 산업 전체에 커다란 전환점을 예고하는 역사적 사건으로 평가된다. 가장 주목할 법은 단연 지니어스 법이다. 스테이블코인을 하나의 금융 인프라로 공식 인정하고, 그 발행 조건, 준비금 요건, 발행사의 라이선스 체계, 지급불능 시의 채무 순위까지 체계적으로 규정한 첫 연방 법률이다. 이로써 미국은 디지털 달러 기반의 민간 화폐 생태계에 법적 정당성과 규제 명확성을 부여하며, 제도권 금융과 스테이블코인 간의 본격적인 접점을 열었다. 특히 은행은 물론 비은행 핀테크 기업까지 발행 주체가 될 수 있도록 허용함으로써, 민간 중심의 혁신적 결제 수단이 제도화되는 길을 열었다는 점에서 그 의미가 더욱 깊다.

 CBDC 금지법은 연방준비제도가 중앙은행 디지털 화폐를 발행하는 것을 전면 금지하는 내용을 담고 있다. 이는 국가가 발행하는 디지털 화폐가 국민의 프라이버시를 침해할 수 있다는 우려를 반영한 것이다. 미국은 디지털 통화에 있어 정부 주도가 아닌 민간 주도의 자유 경쟁 시장을 선택했다는 점에서, 중국 등 전체주의 국가의 통화 통제 방식과는 뚜렷이 구분되는 철학적 태도를 보여준다. 디지털 자산 명확화법은 디지털 자산을 증권과 상품으로 구분하는 기준을 명확히 마련

미국 디지털 자산 3법의 주요 내용

법명	주요 내용
지니어스 법 GENIUS Act	- 달러 연동 스테이블코인 규제 체계 정립 - 준비금 1:1 보유, 월간 보고, 적격 발행자 라이선싱 요구
디지털 자산 명확화법 CLARITY Act	- 증권거래위원회 vs. 상품선물거래위원회 규제 역할 명확화 - 디지털 자산이 증권인지 상품인지 정의하고 규제 기관 역할 분담 체계 마련
CBDC 금지법 Anti-CBDC Surveillance State Act	- 연방준비제도의 리테일 CBDC 발행 금지 - 개인 거래 감시 우려 차단 및 CBDC 관련 입법권 의회로 환원

하고, 증권거래위원회SEC와 상품선물거래위원회CFTC 간의 관할 권한을 분명히 했다. 이는 그간 디지털 자산 시장에서 반복되어온 규제 불확실성과 충돌을 해소하여 기업과 투자자 모두가 예측 가능한 환경에서 활동할 수 있도록 기반을 다진 조치로 보인다.

    미국의 디지털 자산 3법 통과는 신뢰라는 행위가 코드와 법의 결합 위에서 작동해야 한다는 시대적 요구에 대한 응답이며, 디지털 경제 시대에 글로벌 화폐 경쟁이 본격화되고 있다는 선언이다. 스테이블코인을 단순한 기술 실험이 아닌, 새로운 통화 인프라로 자리매김하게 만드는 결정적 계기로 만들었다. 미국 내부의 규제 정비를 넘어, 세계 디지털 자산 질서의 주도권 경쟁에서도 미국이 선도 국가로 자리매김하려는 전략으로 해석된다. 디지털 자산 3법 통과 이후, 주요 스테이블코인의 유통량도 급증했으며 전통 금융시장은 디지털 자산을 본격적으로 받아들일 준비를 가속화하고 있다. 이는 법제화가 기술 성장에 족쇄가 아닌 촉매제가 될 수 있음을 보여주는 사례이자, 향후 글로벌 금융 질서의 변화 방향을 가늠하게 하는 중요한 이정표로 평가된다.

유럽연합
디지털 자산을 명확한 질서 안에서 도입하다

유럽은 역사적으로 급진적 변화보다는 정교한 조율을 선호해왔다. 디지털 자산, 특히 스테이블코인을 다루는 방식에서도 그 철학은 고스란히 드러난다. 새로운 기술이나 자산이 등장했을 때 '가장 먼저, 얼마나 빠르게' 받아들일 것인가보다 '어떻게 질서 있게' 받아들일 수 있을 것인가를 더 고민하는 대륙이다. 미국이 먼저 달리고 나중에 도로 표지판을 세우는 나라라면, 유럽은 우선 교차로마다 신호등을 설치하고, 제한속도를 정한 뒤에야 차량을 진입시키는 나라에 가깝다.

이러한 접근 방식은 2023년 유럽 의회를 통과한 'MiCA Markets in Crypto-Assets Regulation' 법안에서 구체화되었다. 유럽연합EU 전역에서 디지털 자산을 공통 기준으로 규제하기 위한 세계 최초의 종합 법체계다.

단순 투자자 보호를 넘어, 디지털 자산을 유럽 금융 시스템의 일부로 편입시키려는 시도이기도 했다.

특히 스테이블코인에 대해서는 한층 엄격한 기준이 적용된다. 우선 스테이블코인의 발행 주체는 반드시 정부 인가를 받은 전자화폐기관 또는 은행이어야 한다. 만들고 싶다고 해서 아무나 만들 수 없다는 뜻이다. 본디 디지털 자산은 인터넷을 통해 누구나 만들 수 있고, 나라의 허가 없이도 사용될 수 있다. 하지만 이런 자산이 아무런 제약 없이 돌아다니면 자칫 사기의 수단으로 악용되거나 사람들이 큰 돈을 잃을 수도 있다. 유럽은 MiCA 법안을 통해 이런 문제를 방지하고자 한 것이다.

또 발행사는 준비금을 반드시 유럽에 있는 은행에 예치해야 한다. 준비금의 구성 역시 현금이거나 유럽 정부가 발행한 국채처럼 안전한 자산이어야 한다. 이렇게 하면 누군가가 '나는 내 스테이블코인을 상환하고 진짜 유로로 돌려받고 싶다'고 할 때 문제없이 돈을 돌려줄 수 있다. 이런 구조를 1:1 상환 가능성이라고 한다. 아울러 스테이블코인을 발행한 회사는 준비금, 리스크, 운영 현황 등을 정기적으로 공개해야 한다. 만약 스테이블코인이 금융시장에 영향을 줄 정도로 많이 유통된다면, 유럽중앙은행European Central Bank, ECB이 직접 개입해서 규제할 수도 있다.

MiCA 법안은 스테이블코인뿐 아니라 대체 불가능 토큰NFT, 유틸리티 토큰, 디지털 자산 거래소 등도 규제 대상에 포함시켰다. 디지털 자산과 관련된 거의 모든 활동이 이 법의 틀 안에서 다뤄지게 되는 것이다. MiCA는 모두가 안전하게 같은 규칙 아래에서 자산을 발행하고, 거래하고, 사용할 수 있도록 만든 최초의 시도다. 아직 미국이나 다른 나라는 이런 법을 본격적으로 만들지 못했기에 전 세계가 MiCA를 주목하고 있다.

이 규제를 실제로 따르고 있는 대표적인 사례가 바로 미국의 서클이 발행한 유로 스테이블코인, EURC다. 서클은 미국에서 USDC를 발행한 경험을 살려 2022년 유로화에 연동된 EURC를 출시했고, 2025년부터는 프랑스 법인을 통해 MiCA 규제를 준수하며 사업을 운영하고 있다. 모든 준비금은 유럽경제지역EEA 내 금융기관에 보관되며, 매월 독립적인 감사 보고서를 발행해 투명성을 확보하고 있다. 마치 외국인

유럽연합은 스테이블코인과 기타 디지털 자산을 공통 기준으로 규제하기 위한 세계 최초의 종합 법체계인 MiCA를 도입했다.

이 유럽에 지점을 열기 위해 모든 서류를 완벽하게 준비해 들어온 것처럼, 서클은 유럽의 규제 방식을 있는 그대로 받아들였다. 유럽 당국과의 협력을 전제로 한 이 전략은 서클이 유럽을 단기 시장이 아닌 장기적인 제도권 파트너로 여기고 있음을 분명하게 보여준다.

실제로 2025년 5월 디지털 자산 거래소인 제미니Gemini의 보고서에 따르면, 프랑스를 포함한 유럽 주요국에서 성인의 평균 21%가 디지털 자산을 보유하고 있는 것으로 나타났다. 2024년보다 상승한 이 수치는 디지털 자산이 유럽 내에서도 본격적인 대중화 단계에 진입했음을 보여주며, 규제 기반 스테이블코인의 수요 역시 지속적으로 확대될 가능성을 시사한다.

또 다른 사례는 프랑스의 대표 은행 소시에테 제네랄Société Générale 의 자회사 포지Forge가 발행한 유로 스테이블코인, EURCV EUR CoinVertible 다. 이 코인은 일반 소비자보다는 대형 금융기관을 위한 구조로 설계되었다. 토큰화된 채권의 정산, 기업 간 결제, 기관 자산 운용 등에서 활용된다. 쉽게 말해 디지털 시대의 기관용 어음처럼 작동하는 셈이다.

포지는 MiCA 시행에 맞춰 EURCV를 전자화폐 기준에 맞게 재설계했고, 프랑스 금융 당국으로부터 정식 전자화폐기관 인가도 받았다. 기존에는 폐쇄된 네트워크 안에서만 운영되었지만, 이제는 퍼블릭 블록체인에서도 사용할 수 있게 되었다. 2025년에는 리플이 운영하는 XRP 레저에 EURCV를 확장 배포할 계획도 밝힌 상태다. 달러 기반 스테이블코인 USDCV USD CoinVertible도 함께 출시하여 유로-달러 간 실시간 결제가 가능한 구조를 실험하고 있다.

MiCA 법 vs. 지니어스 법

구분	MiCA (유럽연합)	지니어스 (미국)
적용 범위	전체 디지털 자산 (스테이블코인, NFT, 유틸리티 토큰, 거래소 등 포함)	미국 내 지급결제용 스테이블코인 중심
규제 목적	통합된 디지털 자산 시장 규제 및 소비자 보호	스테이블코인의 법적 정의 명확화 및 관할 기관 구분
접근 방식	체계를 먼저 설계한 후, 그 안에서 혁신을 유도 (질서 중심)	민간 실험을 허용한 후 규제를 적용 (시장 중심)
법의 성격	전체 암호 자산 생태계를 위한 설계도 역할 (도시 전체를 설계하는 마스터플랜)	스테이블코인의 법적 지위 규정 (도시 내 통행권을 정하는 세부 규정)
감독 방식	EU 차원의 단일 기준 적용	연방·주 정부의 감독 권한 분담

이처럼 MiCA 기반 스테이블코인 전략은 '대체 화폐Currency Substitution'가 아닌 디지털화된 금융 인프라로서의 접근을 취하고 있다. 여기서 말하는 '대체 화폐'란, 법정통화에 대한 신뢰가 낮은 일부 국가에서 테더(USDT) 같은 스테이블코인이 사실상의 비공식 화폐Unofficial Currency로 사용되는 현상을 의미한다. 반면 유럽은 스테이블코인을 기존 금융 시스템을 보완하는 자산Complementary Financial Instrument으로 규정하고, 제도 안에서 기능하게 하려는 것이다. 자유롭게 시장을 개척하는 것이 아

닌, 질서 있는 혁신을 통해 제도권 안에서 신뢰를 확보하려는 움직임이다.

이러한 철학의 차이는 MiCA와 지니어스 법의 비교에서도 뚜렷하게 드러난다. 두 법은 모두 디지털 자산을 제도권에 편입하려는 시도지만, 접근 방식과 범위에서 분명한 차이를 보인다.

앞으로 글로벌 기업이나 투자자들은 이 두 가지 규제 모델을 모두 염두에 두고 사업 전략을 설계해야 할 것이다. 미국은 빠른 확산과 기술혁신을 선도하지만, 동시에 그 속도만큼 규제의 불확실성과 관할권 충돌이라는 제약도 안고 있다. 반면 유럽은 속도는 느리지만, 소비자 보호와 금융 안정성 그리고 국제 기준 정립이라는 측면에서 분명한 강점을 지닌다. 서클의 EURC와 포지의 EURCV는 서로 다른 규제 환경 속에서 스테이블코인이 어떻게 제도 안으로 들어올 수 있는지를 보여주는 실사례들이다. 유럽은 질서를 택했다. 그 질서는 단지 속도를 늦추는 장치가 아니라, 미래를 향한 또 하나의 경쟁력이 되고 있다.

홍콩, 일본, 싱가포르
라이선스를 쥐고 혁신을 조율하다

아시아에서 가장 먼저 디지털 자산을 주목한 지역들은 공교롭게도 모두 국제금융 허브를 추구한다는 공통점을 가지고 있다. 홍콩, 일본, 싱가포르. 이 세 나라는 오랫동안 전 세계 자본이 드나드는 아시아의 관문이었고, 이런 금융 인프라의 노하우는 스테이블코인을 대하는 태도에도 그대로 반영되었다. 세 나라 모두 혁신이라는 말을 경계하면서도 결코 배척하지 않는다. 대신 이들은 하나의 원칙을 중심에 둔다. 바로 허가받은 자만 수행하라는 전략이다. 마치 중요한 실험실에 아무나 들어오게 하지 않고, 안전 교육과 면허를 갖춘 사람에게만 실험 장비를 맡기는 일과 같다.

홍콩:
규제 중심의 테스트베드

홍콩은 그동안 싱가포르에 빼앗긴 디지털 금융 허브로서의 입지를 강화하고, 스테이블코인 제도화의 완성도를 높이기 위해 2024년 3월, 홍콩 금융관리국HKMA을 중심으로 '스테이블코인 샌드박스 프로그램'을 공식 출범시켰다. 샌드박스Sand Box란 새로운 기술이나 서비스가 기존의 법령이나 규제를 충족하지 못하더라도 일정한 조건 하에 실제 시장에서 시험 운영할 수 있도록 허용하는 제도적 장치를 의미한다. 스테이블코인 샌드박스는 법정화폐 연동 스테이블코인을 발행하고자 하는 기업들에게 정식 라이선스를 받기 전에 실험적 운영을 허용하는 제도적 환경을 제공하는 일을 목표로 한다. 단순히 규제만 유예하는 게 아니라, 실증적 데이터를 통해 규제 기관과 시장이 함께 제도를 조율하고 발전시켜 나가기 위한 일종의 테스트베드에 가깝다. 이러한 태도는 신중함을 유지하려는 한국 정부에도 시사하는 바가 크다.

　샌드박스에 참여하기 위해서는 몇 가지 요건을 충족해야 한다. 우선 발행하려는 스테이블코인은 반드시 법정화폐, 즉 홍콩달러HKD 또는 미국 달러USD에 1:1로 연동되어야 한다. 알고리즘 기반 또는 담보 구조가 불명확한 고위험 스테이블코인은 대상에서 제외된다. 참여 기업은 발행 구조, 준비금 관리 방식, 상환 메커니즘, 리스크 통제 체계 등 구체적인 운영 계획을 제출하고, 정부의 사전 검토를 거쳐야 한다. 승인 후에는 제한된 사용자 대상의 파일럿 형태로 실제 발행과 유통,

상환 실험을 수행할 수 있다. 샌드박스는 규제를 완전히 면제해주는 것이 아니라, 엄격한 감독하에 규제 일부를 탄력적으로 적용하는 방식이다. 참가 기업은 금융관리국과 수시로 데이터를 공유하고, 문제 발생 시 즉각적인 수정 조치를 시행해야 한다.

이 실험을 통해 기업뿐 아니라 감독 기관 역시 규제 사각지대나 예상치 못한 시장 반응을 파악하는 데 성공했다. 그리고 2025년 5월, 홍콩 입법회가 '스테이블코인 조례 Stablecoin Ordinance'를 통과시키며 아시아 최초로 스테이블코인 발행자에 대한 라이선스 체계를 정식 도입하는 데 크게 이바지했다.

알리바바 계열의 앤트그룹 Ant Group은 2025년 8월 1일 홍콩 스테이블코인 조례 시행에 맞춰 스테이블코인 발행 라이선스 신청을 준비 중이다. 앤트그룹은 현재 13억 명 이상이 사용하는 세계 최대의 디지털 결제 플랫폼 '알리페이 Alipay'를 운영 중이며, 스테이블코인 사업 확대를 통해 국경 간 결제와 재무관리 서비스를 더욱 강화할 것으로 기대하고 있다.

2025년 2월, 홍콩 스탠다드차타드 은행은 블록체인 게임·투자사 애니모카 브랜즈, 홍콩 최대 통신사 홍콩텔레콤과 함께 홍콩달러 기반 스테이블코인 개발을 위한 합작 법인 설립을 공식 발표했다. 스탠다드차타드는 은행 인프라 및 토큰화 프로젝트 경험을 제공하고 애니모카 브랜즈는 자체 웹3 생태계 및 블록체인 전문성을 제공하며, 홍콩텔레콤은 모바일 월렛 등 결제 시스템 기술을 제공함으로써 기업 간 무역 금융 결제, 국내외 결제, 게임 생태계 내 디지털 자산 거래 등 다양한 시나리오에 적용할 스테이블코인을 테스트하고 있다.

이처럼 홍콩에서는 민간 기업과 금융기관이 함께 참여하는 스테이블코인 실험이 활발히 이어지는 추세다. 다만 이러한 흐름은 단순히 홍콩의 규제 환경과 사업 동향만으로 설명되기 어렵다. 그 이면에는 중국 본토와는 뚜렷하게 구분되는 정책 방향이 자리하고 있다.

중국 본토는 현재 민간이 발행하거나 거래하는 디지털 자산을 사실상 전면 금지하고 있다. 2021년, 인민은행PBOC과 국가발전개혁위원회는 비트코인 채굴을 금지했고, 디지털 자산 거래와 해외 거래소 이용도 불법으로 규정했다. 이는 금융 시스템의 안정성과 자본 유출 방지 그리고 불법 자금 흐름 차단을 목표로 한 조치였다. 민간이 발행하는 스테이블코인 역시 허용되지 않으며, 중앙정부는 이를 통화 주권을 위협할 수 있는 요소로 간주한다.

이러한 규제 기조는 위안화 기반의 중앙은행 디지털 화폐, 즉 디지털 위안화e-CNY를 중심에 둔 전략과 연결된다. 중국은 디지털 위안화를 통제 가능한 공공 화폐로 정의하며, 유통 속도와 자금 흐름을 국가가 직접 관리할 수 있도록 설계하고 있다. e-CNY는 인민은행이 상업은행에 발행하고, 상업은행이 다시 일반 대중에게 유통하는 '이중 운영 체계'를 채택하고 있으며, 현재 전국 주요 도시에서 대규모 파일럿 테스트가 진행 중이다. 이는 민간 디지털 통화의 리스크를 차단하면서, 디지털 시대에 적합한 결제 인프라를 구축하려는 전략적 선택이기도 하다.

반면 홍콩은 글로벌 자본 유입과 디지털 금융 생태계 유지를 위해

보다 유연한 제도 설계를 이어가고 있다. 중국 정부 역시 홍콩을 스테이블코인과 디지털 자산 정책의 제한적 테스트베드로 활용하며, 본토의 보수적인 규제 기조와 홍콩의 실험적 접근 방식을 병행하는 '일국양제' 기반의 이중 전략을 취하고 있다는 해석도 나온다.

일본:
느리지만 꾸준한 실용주의

일본은 세계 최초로 디지털 자산 거래소에 대한 등록제를 도입하고 디지털 자산을 제도권으로 편입한 국가 중 하나지만, 이후 오랫동안 보수적인 성향을 보여왔다. 이러한 보수성은 2014년 발생한 마운트곡스 거래소 해킹 사태와 2018년 코인체크 거래소 해킹 사건 등 대규모 거래소 보안 사고 영향에서 비롯되었다. 일본 정부는 이로 인해 일종의 트라우마를 겪게 되었다. 이 충격적 사건을 계기로 투자자 보호와 금융 안정성을 최우선 가치로 삼으며, 디지털 자산 산업에 대한 규제 강화 기조를 확립하게 되었다.

일본 정부는 디지털 자산의 법적 정의부터 거래소 등록, 자금세탁 방지, 고객 자산 분리 보관 등 매우 엄격한 요건을 부과하고 있다. 특히 새로운 코인 상장이나 스테이블코인 도입에 있어 당국의 심사 절차가 까다롭고, 외국 기업의 일본 시장 진입도 제한적인 편이다. 일본 금융청FSA은 모든 디지털 자산에 대해 엄격한 리스크 평가를 시행하며,

승인받은 토큰 외에는 거래소 상장이 어려운 구조를 유지하고 있다.

또한 일본은 고령화사회와 보수적인 투자 문화 특성상, 새로운 고위험 자산에 대한 국민적 수용성이 낮은 편이다. 일본 국민은 코로나 시기에 자국의 뒤처진 디지털 전환을 성토하기도 했다. 이러한 사회적 분위기 역시 정책 보수성을 강화하는 요인이다. 그럼에도 불구하고 일본 정부는 블록체인 기술 자체의 잠재력은 인정하고 있으며, 중앙은행 디지털 화폐와 NFT 활용, 웹3 정책 등의 영역에서는 점진적인 개방 전략을 병행하고 있다. 요컨대 일본의 보수적 디지털 자산 정책은 과거의 사고 경험, 투자자 보호 기조, 사회적 인식 등이 복합적으로 작용한 결과라 할 수 있다.

일본 특유의 보수적인 접근

일본은 스테이블코인을 새롭게 정의하기보다는, 기존의 전자 결제 관련 법률에 스테이블코인을 흡수하는 보수적인 방식으로 접근했다. 그 중심에는 2023년 개정된 자금결제법이 있다. 이 개정안은 일정 요건을 갖춘 은행이나 신탁 기관에 한해 스테이블코인을 발행하거나 준비금을 보관할 수 있도록 허용함으로써 민간 기업의 발행을 제도 안으로 끌어들이는 구조를 만들었다. 이른바 수탁형 스테이블코인 모델이다. 발행 시 반드시 은행 계좌에 자금을 예치해야 하고 언제든 1:1로 상환이 가능하도록 설계했다는 점에서 기존 금융 시스템의 안정성과도 연결되어 있다. 일본은 이를 통해 디지털화에는 대응하되, 통화 신뢰와 소비자 보호라는 원칙을 결코 흔들지 않겠다는 메시지를 분명히

하고 있다.

이러한 일본식 모델의 대표적인 실험 사례가 바로 JPYC다. 원래 블록체인 기술 기업 체인토프Chaintope에서 출발해 이후 독립 법인으로 분사한 JPYC는, 2020년 말 일본 최초의 엔화 연동 스테이블코인을 출시했다. JPYC는 은행이나 신탁 기관이 발행하는 수탁형 스테이블코인이 아니라 기존 자금결제법상 '선불식 지급수단'에 준하는 형태로 규제되고 있다. 2022년 3월에는 일본 금융청으로부터 관련 등록을 완료했고, 이후 쇼핑, 티켓 결제, 웹3 플랫폼 등에서 실사용 가능성을 실험해왔다. 발행 초기에는 빠른 성장을 보이며 2022년 말 기준 시가총액이 21억 엔(한화 약 190억 원)을 넘기기도 했으나, 현재는 수천만 엔 수준으로 조정된 상태다. 규모는 크지 않지만 제도권 안에서 발행과 유통이 모두 이뤄지는 첫 엔화 스테이블코인이라는 점에서 여전히 상징적인 의미를 가진다. JPYC는 점진적이고 통제된 디지털화를 추구하는 일본의 전략 아래, 실제 사용자 환경에서 기능을 검증하는 중요한 전환점이 되고 있다.

은행 중심의 스테이블코인 발행

한편 일본에서는 스테이블코인 발행이 대부분 시중은행을 중심으로 시도되고 있다. 일본의 주요 은행들도 디지털 자산 시장의 제도화 흐름에 발맞춰 본격적으로 스테이블코인 전략을 추진하고 있는 것이다. 미쓰비시 UFJ 파이낸셜 그룹MUFG이 대표적인 사례다. MUFG는 '프로그마 코인Progmat Coin'이라는 독자적인 스테이블코인 발행 플랫폼을 구

JPYC는 일본 최초의 엔화 연동 스테이블코인으로 쇼핑, 티켓 결제 등 실사용 가능성을 활발히 실험하고 있다.

축하고 있으며, 이는 자회사인 미쓰비시 UFJ 신탁은행MUTB이 주도하고 있다. 해당 플랫폼은 다양한 기업이 참여 가능한 개방형 구조로 설계되어, 향후 일본 스테이블코인 생태계의 표준이 될 가능성도 거론되고 있다.

또 다른 메가 뱅크인 미즈호 파이낸셜 그룹MIZUHO FG은 자회사와 함께 웹3 기반의 결제 생태계에 참여하고 있으며, 스테이블코인을 활용한 송금과 자산 토큰화 서비스에 관심을 보이고 있다. 미쓰이 스미토모 은행SMBC 역시 자회사와 협력하여 스테이블코인 기반 디지털 결제 인프라를 구축하고 있으며, NFT 및 디지털 콘텐츠 결제 등 다양한 활용처를 탐색 중이다. XRP의 가장 큰 투자자이기도 한 SBI 홀딩스는 디지털 자산 수탁 서비스와 스테이블코인 유통 실험에 주력하고 있으며, 특히 지역 화폐 기반의 지방 스테이블코인 발행까지 고려하며 실생활 결제 분야로의 확장을 도모하고 있다.

일본 은행들의 스테이블코인 전략은 철저하게 은행 예치금을 기반으로 하기 때문에 신뢰성이 높다는 강점이 있다. 또한 중앙은행 디지털 화폐 발행과 병행하여 민간 부문의 역할을 보완하는 구조로서, 정부와 민간이 디지털 결제 인프라를 함께 구축하고 있다는 의미도 지닌다.

이처럼 일본의 스테이블코인 전략은 안정적인 은행 중심의 제도화된 신뢰 시스템에 기반하여, 민간의 혁신과 공공의 안정성을 동시에 추구하는 구조를 지향한다. 다만 은행의 지나친 안정성·보수성으로 인해 스테이블코인 활성화까지는 시간이 걸릴 수 있다는 우려도 존재한다. 이는 디지털 자산에 대한 전면적인 수용보다 점진적이고 안전한 디지털화로 나아가려는 일본 특유의 정책 기조와 금융 문화가 반영된 결과다. 안정성을 추구하며 점진적인 대응을 할 것인가, 개방성과 혁신성을 가질 것인가에 대한 일본의 선택은 디지털 금융 시대에 중요한 시사점을 제공한다.

싱가포르:
신뢰 가능한 디지털 통화를 위한 정교한 설계

싱가포르는 디지털 자산 관련 규제를 가장 빠르게 정비한 국가 중 하나다. 한국 정부가 초기 코인 공개ICO를 금지했을 때, 오히려 이를 기회로 삼아 관련 스타트업을 가장 빠르게 흡수한 국가이기도 하다. '디지털 금융 허브 국가'라는 국가 전략 아래 '금융 혁신'과 '제도적 신뢰'라는 두 축을 동시에 추구하는 정책 기조는, 무조건적인 시장 개방 혹은 과도한 통제 중 어디에도 치우치지 않는 균형 잡힌 접근을 보여준다. 이를 주도하는 기관은 싱가포르 통화감독청 Monetary Authority of Singapore, MAS 이며, 디지털 자산을 제도권 내로 끌어들이는 데 있어 매우 구체적인 실무 중심의 정책을 지속적으로 펼쳐왔다.

싱가포르는 디지털 자산의 특성과 용도에 따라 규제를 구분한다. 비트코인이나 이더리움처럼 결제 기능을 지닌 자산은 '결제용 토큰'으로 분류되고, 2020년부터 시행된 '지불서비스법 Payment Services Act, PSA'의 적용을 받는다. 이 법에 따라 디지털 지갑 서비스, 거래소, 커스터디 업체 등은 반드시 MAS의 라이선스를 취득해야 하며 자금세탁방지와 고객 보호 요건을 충족해야 한다. 즉, 기술 기반 사업자들이 디지털 자산을 활용한 지급결제 서비스를 제공하려면 금융기관 수준의 규제를 적용받는 구조다.

싱가포르는 스테이블코인에 대해서도 매우 정교한 규제 프레임워크를 구축해왔다. 2023년 8월, MAS는 싱가포르 달러SGD와 주요 외화에 연동된 스테이블코인 발행자에게 적용될 공식 규제 기준을 발표했다. 이 규제안은 발행자에게 1:1로 완전 담보된 준비금을 보유하도록 요구하고, 해당 자산은 MAS가 승인한 수탁 기관에 예치되어야 한다. 또한 사용자에게는 명확한 상환 권리가 보장되어야 하며, 발행자는 일정 수준 이상의 자기자본을 유지하고 정기적으로 외부감사를 받아야 한다. 이러한 요건을 충족한 스테이블코인은 'MAS공인 스테이블코인 MAS-recognized stablecoin'으로 인증받을 수 있으며, 이는 향후 결제, 송금, 디파이 등에서 신뢰할 수 있는 기준으로 작용하게 된다.

이러한 제도적 정비와 병행하여 싱가포르는 실증 실험도 활발히 진행 중이다. 대표적인 사례가 MAS 주도의 '프로젝트 가디언Project Guardian'이다. 이 프로젝트의 목적은 DBS은행, JP모건, 스탠다드차타드 같은 글로벌 금융기관과 협력하여 토큰화 자산, 디파이, 스테이블코인을 활용한 실제 금융거래를 테스트하는 것이다. 가령 국채를 디지털화된 토큰으로 발행하고 이를 스마트 콘트랙트 기반의 유동성 풀에서 운용하거나, 상환을 실험하는 방식이다. 이는 단순한 기술 검증을 넘어, 향후 디지털 기술이 실제 금융 인프라로 전환될 수 있는 가능성을 제도적으로 검토하는 국가 차원의 전략이다.

싱가포르의 주요 민간 스테이블코인 및 금융기관 사례

이러한 제도적 틀 안에서 민간 기업들도 생태계 확장에 중요한 역할을 수행하고 있다. 대표적인 사례가 스트레이츠엑스StraitsX다. 이 기업은 2020년 MAS의 규제 샌드박스에서 출발하여, 2023년 주요 결제 기관 라이선스를 취득하며 정식 시장 참여자가 되었다. 동남아시아 최대 규모의 스테이블코인 발행사 중 하나로, 싱가포르 달러, 미국 달러, 인도네시아 루피아 기반의 스테이블코인을 발행하고 있다. 특히 싱가포르 달러 기반 스테이블코인은 이더리움, 폴리곤, 아발란체 등 다양한

스트레이츠엑스는 동남아시아 최대 규모의 스테이블코인 발행사이자, 싱가포르 민관 협력의 주인공이다.

블록체인에서 운용되며, 높은 상호 운용성과 실용성을 갖춘 사례로 꼽힌다.

시가총액과 거래량은 아직 크지 않지만 준비금은 싱가포르개발은행DBS과 스탠다드차타드은행에 예치되며, 매월 회계법인의 감사를 통해 1:1 담보 기준을 유지하고 있다. 스트레이츠엑스는 알리페이, 그랩페이 등 주요 글로벌 결제사와의 제휴를 통해 실생활 기반 결제 서비스로도 영역을 확장하는 중이다.

싱가포르 최대 상업은행인 DBS는 자체 스테이블코인을 발행하지는 않지만, 기관 고객을 위한 디지털 금융 인프라 구축에 적극적이다.

2020년 출범한 디지털 자산 거래소DDEx를 통해 토큰화 자산 거래를 지원해왔으며, 2024년에는 조건부 결제와 리워드 프로그램을 포함한 디지털 토큰 서비스 플랫폼을 새롭게 출시했다. DBS는 또한 MAS의 프로젝트 가디언에도 적극 참여하여, 토큰화된 예금 및 채권 발행 같은 기관 간 디지털 자산 솔루션을 활발히 실험하고 있다.

이처럼 스트레이츠엑스와 DBS는 서로 다른 고객층을 타깃으로 하면서도, 싱가포르의 디지털 금융 생태계를 상호 보완적으로 구성해 가는 중이다. 전자는 소비자와 중소기업 중심의 실생활 결제 인프라를 지향하고, 후자는 대형 기관과 공공 부문 중심의 고도화된 토큰화 시스템을 구축한다. 이들은 MAS가 마련한 제도적 기반 위에서 작동하는 대표적인 민관 협력 모델로, 싱가포르가 디지털 자산 허브로 자리매김하는 데 결정적인 역할을 수행하고 있다.

금융 혁신의 도구로 인식

싱가포르는 정부 차원에서 디지털 자산을 제도권 밖의 위협이 아닌, 기술 기반 금융 혁신의 기회로 인식하고 있다. MAS는 명확한 법적 지위 부여, 실무 중심 규제, 시장과의 협력 구조를 통해 글로벌 기업들이 안심하고 진출할 수 있는 환경을 마련해주며, 이는 싱가포르가 아시아에서 가장 활발한 디지털 금융 허브로 자리잡는 데 결정적인 역할을 한다. 스테이블코인 역시 제도적 신뢰를 확보한 상태에서 금융 시스템 내에서 유의미하게 활용될 수 있도록 설계되는 중이다. 싱가포르의 이와 같은 전략은 규제와 혁신의 모범적인 조화 모델로 국제적인 주목을 받고 있다. 실제로 싱가포르의 1인당 GDP는 8만 5,000달러 수준으로 한국의 두 배가 넘는다. 이는 정부 주도의 철저한 국익 중심 정책이 디지털 금융 허브 전략을 통해 구현된 성과이기도 하다.

이처럼 세 나라의 접근 방식은 각각 다르지만 그 중심에는 공통된 철학이 있다. 이제 누구나 스테이블코인을 만들 수 있는 시기는 끝났으며, 자격을 인정받은 사업자만 실험에 참여할 수 있다는 것이다. 이들은 규제와 혁신의 균형을 잡기 위해 틀을 먼저 만들고, 그 안에서 새로운 시도를 허용하는 방식으로 균형을 추구한다. 비유하자면, 홍콩은 실험장 입구에 금속 탐지기를 설치했고, 일본은 기존의 건물 안에 새로운 실험실을 만들었으며, 싱가포르는 실험 자체를 위한 표준 운영 절차서를 먼저 완성해놓은 셈이다.

세 국가 모두 자신들이 가진 글로벌 금융 허브로서의 위상을 지키기 위해 질서 있는 방식으로 스테이블코인에 접근하고 있다. 이는 책임 있는 혁신을 유도하겠다는 의지를 보여주는 전략이기도 하다. 이러한 전략 모델은 앞으로 다른 아시아 국가들뿐 아니라, 전 세계적으로도 규제와 신뢰가 결합된 디지털 화폐 관리 방식의 기준이 될 가능성이 높다.

제3세계의 사정
생존을 위한 대체 통화

스테이블코인은 이제 더 이상 선진국의 기술 기업이나 글로벌 금융사만의 실험이 아니다. 그보다 훨씬 더 본질적이고, 절박한 이유로 이 디지털 화폐를 먼저 받아들인 이들이 있다. 바로 통화가 무너진 나라, 은행 계좌가 없는 사람들, 가족을 위해 국경을 건너 돈을 버는 수백만 명의 이주 노동자들이다. 그들에게 스테이블코인은 첨단 기술이 아니라, 일상을 지탱하기 위한 생존의 도구가 되었다. 다음은 그런 현장에서 실제로 쓰이고 있는 스테이블코인의 이야기다.

필리핀:
가족에게 더 빨리 닿는 돈

필리핀은 전 세계에서 10번째로 해외 노동자를 많이 내보내는 나라다. 이들이 2023년 한 해 동안 고국으로 송금한 돈은 무려 400억 달러(한화 약 55조 원)에 달한다. 필리핀 전체 GDP의 9.4%에 해당하는 막대한 금액이다. 외국 근로자들이 미국, 중동, 아시아 등 세계 전역에 퍼져 있으며, 이들이 고향의 가족을 위해 보내는 돈은 의료비·교육비·식료품비로 사용되는 생명줄과 같다. 하지만 기존의 송금 방식은 느리고 비쌌다. 은행을 통해 송금하면 수수료가 5~10%나 되고, 돈이 도착하는 데까지 3~5일이 걸리는 건 기본이었다. 시골 마을에 사는 몇몇 수취인은 돈을 찾기 위해 버스를 타고 도시까지 나가야 했다. 돈이 절실한 순간, 이런 장벽은 사람들에게 큰 고통이었다.

그러던 중 스테이블코인이 등장했다. 디지털로 만들어졌지만 미국 달러처럼 안정적인 가치를 유지하는 이 코인은, 스마트폰 하나로 송금과 환전, 결제를 모두 가능하게 해주었다. 필리핀에서는 한국의 토스 같은 금융 슈퍼앱 지캐시Gcash를 비롯하여 거래소가 운영하는 Coins.ph 같은 앱이 스테이블코인 지갑 기능을 탑재하고 있다. 미국에서 보낸 USDC를 현지 통화로 바꿀 수 있고, 필요하다면 ATM에서 페소로 바로 뽑을 수도 있다. 미국에서 마닐라를 거쳐 시골 섬에 이르기까지, '디지털 돈의 순환'이 실현된 것이다.

필리핀처럼 이주 노동자의 송금이 국가 경제의 버팀목이 된 나라

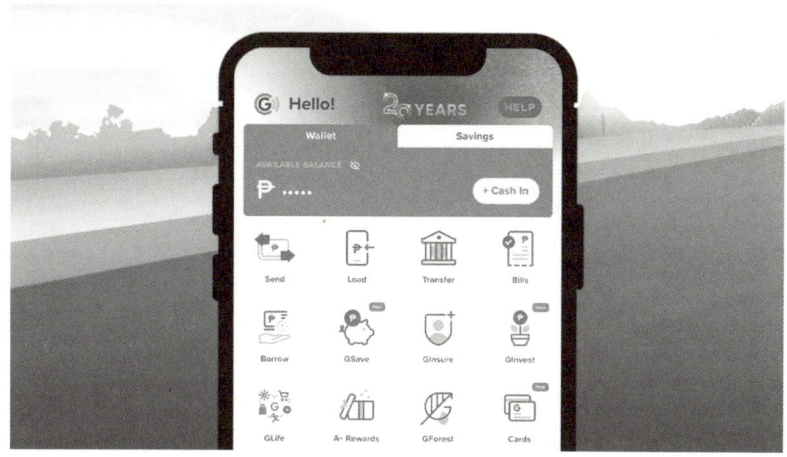

스테이블코인의 등장은 필리핀의 해외 송금 문제를 혁신적으로 해결했다. 그 협력자로는 금융 슈퍼앱 지캐시가 있다.

는 또 있다. 바로 남미의 브라질이다. 그런데 브라질은 이 흐름을 조금 다른 방식으로 받아들였다. 디지털 인프라를 국가가 먼저 깔아주고, 그 위에서 민간 기술이 움직인 경우다.

브라질: 픽스가 열어준 실시간 디지털 송금 인프라

브라질도 비슷한 길을 걷고 있다. 약 400만 명의 브라질 이주민이 미국, 일본, 유럽 등에 퍼져 있는데, 브라질 중앙은행 Banco Central do Brasil, BCB

은 이들을 위해 픽스Pix라는 모바일 결제 시스템을 도입해 디지털 금융 인프라를 빠르게 확산시켰다. 브라질 정부가 만든 국가 주도형 디지털 결제 앱인 셈이다.

스마트폰만 있다면 누구나 픽스를 통해 실시간 송금과 수취가 가능하다. 미국에서 USDC 같은 스테이블코인을 보내면 브라질에서 픽스로 즉시 사용할 수 있는 것이다. 이제는 중소기업이나 커피 농장도 은행 없이 세계와 거래할 수 있게 되었다. 이러한 변화는 개인 송금의 차원을 뛰어넘는다. 브라질의 커피 농장이 일본의 카페에 원두를 보내고, 필리핀의 디자인 회사가 미국 스타트업에 결과물을 납품할 때, 중간에 비싼 국제은행 송금망을 거치지 않아도 돈을 받을 수 있다. 스테이블코인은 중소기업에게도 새로운 기회를 열어준 셈이다. 은행 계좌는 물론이고 복잡한 서류 작업조차 필요 없이, 스마트폰 하나만 쥐면 전 세계와 연결되는 디지털 경제의 문이 열린 셈이다.

흥미로운 점은 스테이블코인으로 시도된 이 변화가 브라질과 필리핀 모두 정부가 주도한 일이 아니라는 것이다. 두 정부는 복잡한 규제로 기술을 억누르기보다는, 자금세탁방지 같은 최소한의 장치를 유지하면서 민간의 실험을 허용하는 유연한 태도를 취했다. 덕분에 이들 국가는 규제가 기술을 가둔 나라가 아니라 기술이 사회적 필요에 따라 움직이도록 규제를 조정한 나라로 평가받고 있다. 이는 사람들의 일상생활을 180도 바꿔준 아주 현실적인 진화다. 누군가의 월급이 더 빠르고, 더 많이, 수수료 없이 가족에게 도착한다는 단순한 사실이 스테이블코인을 이들 나라에서 가장 강력한 금융 도구로 만들고 있다.

브라질의 경우처럼 제도적 뒷받침이 있는 나라와 달리, 아르헨티나는 통화 시스템 자체가 무너진 상황에서 사람들의 자발적인 선택으로 스테이블코인이 쓰이기 시작했다. 디지털 기술은 여기에 가장 먼저 반응했다.

아르헨티나:
디지털 생존 수단으로서의 USDT

아르헨티나는 한때 '남미의 프랑스'로 불릴 만큼 풍요로운 나라였다. 하지만 2000년대 초부터 시작된 반복적인 채무불이행과 통화위기, 정권 교체 속에서 국민들은 자국 통화인 페소에 대한 신뢰를 잃었다. 2023년, 아르헨티나의 연간 인플레이션은 무려 211%에 달했고, 사실상 국가의 화폐는 구매력을 상실했다. 물가가 하루가 다르게 오르자 국민들은 페소를 믿지 않게 되었다. 강도조차 현금을 노리지 않는 지경에 이르렀을 정도다. 장을 보거나 월급을 받을 때 주고받은 돈의 가치가 며칠 만에 반토막이 나는 일이 허다했다.

결국 다수의 아르헨티나 국민은 화폐의 대안으로 USDT를 선택했다. 은행 계좌 없이도 송금과 결제가 가능하고, 통제나 검열 없이 자유롭게 주고받을 수 있다는 점에 주목한 것이다. 그들은 이제 급여를 USDT로 받고, 생필품을 USDT로 구매하며, 디지털 지갑을 저축 통장처럼 사용한다. 프리랜서로 일하는 디자이너는 해외 고객에게서 일한 대금을 USDT로 받는다. 시시각각 변하는 페소의 환율 탓에 가격표를 종이 푯말로 붙일 수밖에 없는 소매 상점은 'USDT 결제 시 가격 고정'이라는 혜택 아닌 혜택을 제공하기도 한다. 월급을 받자마자 모바일 지갑을 열어 페소를 USDT로 바꾸는 일은 이제 청년층의 일상이 되었다.

체이널리시스Chainalysis의 2024년 보고서에 따르면, 실제로 아르헨티나 디지털 자산 거래소에서 발생하는 전체 거래의 60% 이상은 스테이블코인을 통해 이루어지고 있다. 단순한 투자 수단이 아니라 급여 수령, 생필품 구매, 해외 송금 등 일상생활에서도 USDT를 점점 더 자주 사용하는 추세다. 거래소 안팎에서 벌어지는 이러한 흐름은 아르헨티나에서 스테이블코인이 사실상 '디지털 생존 수단'으로 자리 잡고 있음을 보여준다. 정부는 이를 막을 수 없고, 국민들도 더 이상 국가에 기대하지 않는다. 이러한 변화는 정부가 통제할 수 없는 방식으로 빠르게 퍼져나갔다. 마치 마을 시장에서 직접 물건을 교환하듯, 사람들은 법정화폐 대신 스테이블코인으로 거래를 하고 있다. 이는 미래의 모습이 절대 아니다. 지구촌 반대쪽 누군가의 일상이다.

아르헨티나가 인플레이션의 파고 속에서 디지털 자산을 선택했다면, 나이지리아는 정부가 이를 막으려 해도 멈출 수 없을 만큼 빠르게 확산되고 있다. 법으로 막을 수 없는 경제의 흐름은, 새로운 질서를 예고하고 있다.

나이지리아:
금융에서 배제된 사람들의 자발적 선택

나이지리아도 아르헨티나와 유사한 흐름을 보이지만, 출발점은 조금 달랐다. 나이지리아는 과거에는 아프리카 경제의 모범 국가로 주목받았지만, 급격한 통화 평가절하와 외환 통제로 인해 국민들의 불안이 커졌다. 2024년 기준 인플레이션율은 31.7%에 달했고, 정부는 외화를 중앙은행을 통해서만 환전하도록 강제했다. 중앙은행은 외환 시장에서 법정통화인 나이라Naira의 고정환율제를 폐지하고, 외환 통제를 강화하며 화폐가치를 방어하려 했다. 그러나 결과는 정반대였다. 국민들은 정부가 더 이상 화폐를 지켜줄 수 없다는 신호로 받아들였고, USDT와 같은 스테이블코인을 자발적으로 사용하기 시작했다.

이를 가능하게 도운 것은 트러스트 월렛Trust Wallet이나 트론링크TronLink 같은 디지털 지갑이나 바이낸스 거래소 지갑이었다. 청년들은 달러를 구입해 USDT로 전환한 뒤 가족 간 송금에 사용했고, 소상공인들은 USDT를 결제 수단으로 받아들이기 시작했다. 일부 지역에서는 결혼식 축의금이나 식료품 구매마저 USDT로 이루어진다. 이에 정부는 개인 간 거래 차단 조치를 발표했지만, 이 조치 탓에 오히려 USDT가 진짜 화폐라는 사람들의 믿음은 더욱 공고해졌다. 나이지리아에서 USDT는 법정화폐가 기능을 잃은 후 사람들이 만들어낸 또 다른 통화 질서다.

흥미로운 점은 나이지리아와 아르헨티나 모두 중앙은행이 디지털 화폐를 이미 도입했거나 계획 중이었다는 것이다. 아르헨티나는 CBDC 발행을 추진하다가 정책 변경으로 무기한 연기했고, 나이지리아의 'e-Naira'는 출시 후 실사용률이 거의 없어 국민들에게 외면받았다. 반면 USDT는 법적 강제도 없이, 심지어 발행 주체가 정부가 아닌 민간임에도 불구하고, 실생활에서 자발적으로 선택되었다. 결국 사람들은 스스로 가장 믿을 수 있는 수단을 선택한 것이다.

이들 사례는 스테이블코인이 단지 첨단 기술이나 투자 상품에 그치지 않고, 경제적 생존 수단으로도 작동할 수 있음을 보여준다. 금융 시스템이 불안정하거나 통화가치가 급변할 때 스테이블코인은 수단이 아니라 해답이 될 수 있다. 법정화폐가 제 역할을 하지 못하는 나라에서, USDT는 나날이 '디지털 달러'로서의 입지를 다지고 있다.

이들 네 나라의 사례는 한 가지 공통점을 품고 있다. 제도가 먼저 움직인 것이 아니라, 사람들이 먼저 선택했다는 점이다. 이들은 '새롭고 뛰어난 기술이 흥미로워서' 혹은 '단순히 누군가 허용해 주었기에' 스테이블코인을 이용한 것이 아니다. 절실했기 때문에, 혼란한 현실에 이 화폐가 꼭 필요했기 때문에 가장 먼저 반응한 것이다. 이러한 흐름은 이제 전 세계 어느 나라에서도 예외가 될 수 없다. 디지털 화폐는 더 이상 선택이 아니라, 생존을 위한 조건이 되고 있다.

스테이블코인을 통한
국경 간 송금 혁신

SWIFT와 스테이블코인,
다른 속도로 같은 길을 걷는 두 결제망

1977년, 15개국의 은행 239곳이 한자리에 모였다. 국경을 넘나드는 돈의 흐름을 좀 더 빠르고 안전하게 만들자는 공통된 목표 아래, 이들은 새로운 금융 통신망을 만들기로 합의했다. 그렇게 탄생한 것이 바로 스위프트SWIFT, 즉 국제은행간통신협회Society for Worldwide Interbank Financial Telecommunication다. 거창한 이름이지만 실상은 간단하다. 세계 각국의 은행들이 서로 주고받는 금융 메시지를 정해진 양식에 따라 안전하고 신속하게 전달해주는 금융기관의 카카오톡 같은 시스템이다.

1970년대의 시스템에 머문 SWIFT

당시만 해도 해외로 돈을 보내는 일은 엽서를 부치는 것처럼 느렸다. 은행 직원이 텔렉스Telex라는 팩스 기계 앞에 앉아 송금 메시지를 수기로 입력하고, 상대방 은행의 담당자가 그것을 받아 적은 뒤 처리해야 했다. 보안도 취약했고, 실수가 생기면 정정하는 데 며칠씩 걸리기 일쑤였다. 이런 원시적인 구조를 스위프트는 단숨에 바꿔놓았다. 전 세계 은행 간에 표준화된 메시지를 실시간에 가깝게 주고받을 수 있도록 만들었고, 이는 곧 국제금융의 통일된 언어가 되었다. 지금도 스위프트는 여전히 강력하다. 세계 200여 개국의 1,100개 이상의 금융기관이 이 시스템을 사용하고 있으며, 매일 수백만 건의 송금 지시, 무역 결제, 증권 거래 요청이 이 네트워크를 통해 오간다. 말하자면 스위프트는 전 세계 금융기관이 사용하는 공용 언어이며, 서로 다른 제도와 기술을 가진 나라 사이를 연결해주는 번역기인 셈이다.

하지만 여기에는 중요한 사실이 하나 있다. 스위프트가 실제로 돈을 직접 옮기지는 않는다는 것이다. 스위프트는 메시지만을 전달할 뿐, 실제 자금은 여전히 복잡한 중개 은행 체계를 통해 이동한다. 예컨대 A은행이 B은행으로 돈을 보내고 싶다고 스위프트를 통해 메시지를 보내면, 돈 자체는 그 메시지를 기반으로 여러 중개 은행들을 거쳐서 물리적으로 이동한다. 그리고 이 과정은 각 은행의 업무 시간, 환율, 내부 규정에 따라 수일이 걸릴 수 있다. 문자 그대로 지시만 하고 돈은 옮기지 않는, 일종의 '따로 노는 시스템'이다. 생일 축하 문자는 보냈지만, 실제 선물은 며칠 뒤 택배로 도착하는 식이다. 문제는 이 구조가 1970년대의 기준에서 거의 달라지지 않았다는 점이다. 오늘날 우리는 실시간으로 메시지를 주고받고, 스마트폰으로 커피를 주문하고, 클릭 한 번으로 수억 원짜리 주식을 거래하는 시대에 살고 있다. 그런데도 국경을 넘는 송금은 여전히 며칠이 걸리고, 수수료는 만만치 않다. 왜 그럴까?

가장 큰 이유는 앞서 언급했듯이 기존 국경 간 송금 시스템의 구조적인 한계 때문이다. 스위프트를 통한 송금은 중개 은행을 거쳐 이루어지므로, 평균 1~5영업일이 소요된다. 중개 은행이 많아지는 신흥국으로의 송금이라면 더 오래 걸린다. 게다가 수출입 거래가 분 단위로 체결되는 현대사회에서 송금에 며칠씩 걸린다면, 병목현상이 발생할 수밖에 없다. 비싼 비용 또한 이러한 중개 구조에서 비롯된다. 각 중개 은행은 수수료를 부과하며, 전체 비용은 건당 25~100달러에 달하기도 한다. 특히 소액 송금일 경우 수수료 부담이 상대적으로 더 크다. 거기다 실시간 거래 투명성도 부족하다. 돈이 어디쯤 가고 있는지를 즉시 확인할 수 없기 때문에, 수취인이 보냈냐고 물어도 송금자는 정확한 상태를 알 수 없기에 모호한 답변만 하게 된다. 중간에 지체된다 해도 '대체 어디서 지체되었는지'를 알 수 없기 때문에 문제 발생 시 책임 소재를 파악하기도 어렵다.

마지막은 기술 구조의 노후화다. 스위프트는 기본적으로 1970년대에 설계된 시스템이다. 여전히 많은 은행이 구닥다리 프로그래밍 언어로 이뤄진 시스템을 기반으로 운영 중이다. 새롭고 빠른 기술을 도입하는 것은 결코 쉬운 일이 아니다. 게다가 잘 돌아가고 있는 체계를

SWIFT vs. 스테이블코인

	스위프트 기반 송금	스테이블코인 기반 송금
전송시간	주말 불가, 수 시간~수일	수 초~수 분
수수료	25~100달러 이상 (중개 은행 수수료 포함)	수 센트~1달러 미만 (체인에 따라 다름)
추적 가능성	중개 은행 거치며 지연, 불명확한 추적	블록체인상 실시간 추적 가능
가용성	은행 네트워크 필요 (스위프트 참여국)	인터넷 접속 + 지갑만 있으면 가능
중개 기관	여러 중개 은행 거침	중개 없이 가능 (또는 간단한 API 중개만)
운영 시간	평일 영업시간 제한, 은행 중심	연중무휴 24시간 가능

바꾸는 일에 대한 금융기관들의 심리적 저항도 크다. 수십 년 동안 잘 써온 회계 프로그램을 단번에 갈아엎자는 제안에 망설이게 되듯, 이 세계에서도 익숙한 시스템은 강한 관성으로 작용한다.

한때 스위프트는 혁신의 상징이었다. 그러나 이제는 잘 작동하긴 하지만 느리고 비싼 시스템, 시대의 요구에 비해 반 박자 느린 플랫폼에 불과하다. 그리고 그 빈틈을 파고들기 시작한 것이 바로 스테이블코인이다. 스위프트의 단점을 정면으로 겨냥하면서 속도와 비용, 투명성이라는 세 가지 무기를 앞세워 글로벌 송금 인프라의 주도권을 재편하려 하고 있다.

스테이블코인과 블록체인:
속도와 신뢰를 동시에 추구하다

이러한 시대적 상황에 따라, 한때 국제금융의 표준으로 군림했던 스위프트도 방향을 조금씩 틀고 있다. 무게중심은 여전히 자신에게 있지만, 기술 변화의 속도를 따라잡기 위해 안간힘을 쓰는 모습이다.

2025년부터 스위프트는 디지털 자산과 통화를 위한 본격적인 실험에 들어갔다. 블록체인 기업 체인링크ChainLink와의 협업을 통해 토큰화된 자산을 정산할 수 있는 모델을 구축 중이며, 중앙은행 디지털 화폐 환경에서 위험을 완화할 수 있는 새로운 정산 체계도 개발하고 있다. 스위프트는 다양한 금융 기술을 이어주는 핵심 운영 계층이라는 자기 변화의 초입에 들어섰다. 블록체인과 직접 경쟁하기보다는, 그 위에 올라탈 방법을 찾고 있는 셈이다. 오래된 철도역에 고속 열차 플랫폼을 추가하는 방식이다. 자신이 사라지는 것이 아니라, 새로운 레일과 나란히 달릴 준비를 하는 것이다.

물론 스테이블코인이 모든 문제를 단숨에 해결하는 만능 열쇠는 아니다. 각국의 규제 체계가 제각각이다 보니, 국제적인 통일성과 확장성 확보는 여전히 넘어야 할 산이다. 특히 국가별 금융 당국은 스테이블코인의 준비금 관리 문제에 민감하게 반응하고 있다. 발행사가 준비금을 얼마나 투명하게 공개하는지, 준비금이 실제로 존재하는지, 위기 시 고객이 언제든 현금으로 바꿀 수 있는지와 같은 기본적인 질문에 명확한 답을 내놓지 못하는 프로젝트는 시장에서도 신뢰받기 어렵다. 규제 당국이 가장 우려하는 점은 코인런Coin Run이다. 은행이 지급 불능 상태에 빠질 것이라는 불안감 탓에 예금자들이 한꺼번에 예금을 인출하려는 현상을 '뱅크런'이라고 부르는데, 이에 빗대어 투자자들이 스테이블코인을 대량으로 인출하거나 매도하는 현상을 코인런이라고 칭한다. 사용자들이 스테이블코인의 가치에 불안을 느끼고 일제히 현금화에 나설 경우, 준비금이 부족한 발행사는 순식간에 붕괴할 수 있다. 우리는 테라-루나 사태에서 이를 이미 처절하게 경험한 바 있다. 이런 사태의 재발을 방지하기 위해, 미국이나 유럽의 규제 당국은 스테이블코인 발행사에게 전통 은행 수준의 건전성 기준을 요구하기 시작했다. 자본금, 유동성 비율, 리스크 관리 체계 같은 요소들이 바로 그것이다. 디지털 자산이라고 해서 면제받을 수 없다는 것이 공통된 입장이다.

실무적인 기술 장벽도 여전히 존재한다. 특히 기업 입장에서는 스테이블코인을 전사 관리ERP, 회계 시스템, 재무관리 툴 등 기존 금융 시스템과 어떻게 연결하느냐가 큰 과제다. 아무리 빠르고 저렴한 기술이라도 기존 시스템과 결합되지 못한다면 실사용으로 이어지기 어렵다. 특히 블록체인 기술에 대한 이해도가 낮은 중소기업이나 개발도상국 기업들에게는 이런 도입 장벽이 훨씬 더 높게 느껴질 수밖에 없다.

SWIFT의 독점 시대는 끝나는 중

그럼에도 불구하고, 글로벌 결제 시스템은 단일 인프라에서 다양한 생태계의 공존이라는 방향으로 분명하게 진화하고 있다. 과거에는 스위프라는 하나의 도로가 있었고, 모두가 그 길을 따라 움직였다. 그러나 이제는 결제 방식도, 참여자도, 기술도 훨씬 다양해졌다. 어떤 기업은 여전히 스위프트를 사용한다. 어떤 기업은 비자 네트워크나 페이팔 같은 핀테크 서비스를 이용한다. 또 다른 기업은 블록체인과 스테이블코인을 도입하며 전혀 새로운 결제 레일을 깔고 있다. 이 변화는 마치 여러 개의 고속도로, 지방도, 자전거 도로가 하나의 도시에 공존하는 것과 같다.

이제 결제·송금 인프라는 '누가 하나를 독점하느냐'보다 '누가 더 유연하게 조합하고 연결하느냐'가 핵심이 되었다. 전 세계 정부와 은행, 빅테크, 핀테크 기업은 각자의 목적과 전략에 맞게 다양한 결제 수단을 모듈형으로 구성하고 있다. 사용자들이 요구하는 것은 더 빠르고, 더 저렴하며, 더 직관적인 수단이다. 이 요구는 점점 뚜렷해지고 있으며, 기술은 서로 대립하기보다 융합되는 중이다.

앞으로의 송금 인프라는 기존 시스템과 새로운 기술이 함께 작동하는 방향으로 재편될 가능성이 높다. 중요한 것은 어떤 기술이 유일한 해답인지를 따지는 일이 아니라, 여러 해답을 조화롭게 엮어낼 방법을 찾는 것이다. 이러한 맥락에서 스테이블코인은 글로벌 결제 환경을 설계하기 위해 반드시 고려해야 할 전략적 도구로 거듭나고 있다.

기업형 스테이블코인
어쩌면 선택이 아니라 필수

여러 기업들이 앞다투어 스테이블코인 시장에 뛰어드는 이유는 무엇일까. 우선은 비용적 효율이다. 결제 사업자의 경우, 스테이블코인을 사용하면 기존의 결제 방식인 신용카드나 직불 카드에 비해 수수료 부담이 훨씬 줄어든다. 회계와 자금 운용 효율성 측면에서도 스테이블코인은 매우 매력적인 선택지다. 스테이블코인은 기존 금융 시스템과 달리 즉각적인 결제와 정산이 가능하기 때문에 글로벌 사업을 운영하는 기업들은 환율 리스크를 줄이고 현금 흐름을 실시간으로 조절할 수 있게 된다.

기업 전반의 사업과
재무 향상에 기여

최근에는 기업이 스테이블코인을 도입하거나 발행할 경우 내부 자금의 효율적인 운용 수단으로도 활용할 수 있다는 점이 화제를 샀다. 글로벌 기업들은 수많은 국가에 계열사와 자회사를 두고 있는데, 각국의 은행 시스템을 경유하지 않고 자체 발행 스테이블코인을 통해 내부 자금을 실시간으로 이전하고 정산할 수 있다면 외환 관리 및 자금 배분의 민첩성이 크게 향상된다.

이처럼 스테이블코인은 단지 결제 수단에 그치지 않고, 기업의 사업 전략 전반과 깊이 연결될 기술적 자산이자 화폐가 된다. 민간 스테이블코인의 대항마로 여겨졌던 CBDC는 아직 연구 단계에 머물러 있는 국가가 많고, 규제나 프라이버시 이슈로 인해 상용화가 지연되고 있다. 반면 민간 스테이블코인은 규제를 받더라도 유연하게 대응할 수 있고, 기술 적용과 확장이 빠르기 때문에 기업 입장에서는 시장을 선점할 수 있는 절호의 기회로 여겨진다.

물론 사용자 입장에서 스테이블코인의 가장 직접적인 매력은 온라인 쇼핑이나 송금 등 일상적인 결제 과정에서 발생하는 수수료를 낮출 수 있다는 점이다. 그러나 그보다 더 큰 가치는 스테이블코인을 보유함으로써 향후 다양한 코인 기반 금융 서비스에 접근할 수 있다는 사실이다. 지금까지 디파이 서비스는 코인을 오래 보유해온 이른바 '코인 고인물'이나 거래소 사용자, 블록체인 기술에 익숙한 특정 커뮤니티의 전유물로 여겨졌다. 하지만 스테이블코인이 그 역할을 바꾸고 있다. 시세가 고정되어 있다는 점은 디파이 세계에 처음 진입하는 사용자에게 가장 중요한 안전장치로 작용한다. 즉 스테이블코인이야말로 사용자들을 완전히 새로운 디지털 금융 세계로 안내하는 관문인 셈이다.

사용자 기반이 넓어질수록 디파이 역시 빠르게 고도화되고 실용적인 방향으로 진화할 가능성이 크다. 이 흐름이 이어진다면 머지않은 미래에 우리는 블랙록과 서클이 협력해 만든 디지털 자산 전용 투자 펀드처럼, 글로벌 기업들이 스테이블코인을 활용해 만든 투자 상품을 찾아보고 스마트폰으로 수 초 만에 금융 포트폴리오를 재편하는 시대를 마주하게 될 것이다.

JP모건 은행의 디지털 예금 실험

스테이블코인이라고 하면 대개 신생 블록체인 기업이나 기술 스타트업을 떠올리기 쉽다. 하지만 전통 금융의 심장이라 할 수 있는 거대 은행이, 자체적으로 디지털 토큰을 만들어 운영하고 있다면 어떨까? 그 놀라운 실험의 주인공은 바로 JP모건체이스_{JPMorgan Chase} 은행이다. 미국 최대의 상업은행이자, 글로벌 결제 인프라의 핵심 주체인 이 은행은 2019년, JPM 코인을 발행하며 전 세계 금융 업계의 이목을 집중시켰다. 당시 JP모건은 이렇게 설명했다. "우리는 새로운 디지털 자산을 만들려는 것이 아니다. 기존 예금을 디지털화해 더 빠르고 효율적인 결제 방식을 찾고 있는 것이다."

JPM 코인은 비트코인처럼 누구나 사용할 수 있는 공개형 디지털 자산이 아니다. 이 토큰은 JP모건이 자체적으로 구축한 폐쇄형 블록체인 네트워크에서, 오직 JP모건 계좌를 보유한 법인 고객들 사이에서만 운용된다. 이 네트워크는 초창기에는 '오닉스Onyx'라는 이름으로 운영되었으며, 2024년 말 '키넥시스Kinexys'로 리브랜딩되며 디지털 결제 사업의 전략적 정체성을 보다 명확히 드러냈다. 이에 따라 JPM 코인 시스템도 '키넥시스 디지털 페이먼츠Kinexys Digital Payments'로 명칭이 변경되었다.

이처럼 제한적인 구조는 외부인에게는 낯설게 느껴질 수 있지만, 바로 그 점이 강점이 되었다. 거래 상대방이 명확하고, 규제 준수가 용이하며, 고액 자금의 신속한 이동이 필요한 기업 간 거래B2B에 최적화되어 있기 때문이다. 실제로 토요타, 시티그룹, 블랙록 같은 기업들이 해외 자회사나 거래처에 자금을 이체할 때 JPM 코인을 활용하고 있다. 전통적인 스위프트SWIFT 방식보다 훨씬 빠르고 정확하게 결제를 완료할 수 있기 때문이다. JP모건에 따르면 2023년 기준, 하루 평균 10억 달러(한화 약 1조 4,000억 원) 이상의 거래가 JPM 코인을 통해 처리되었다.

기술적으로 보자면, JPM 코인은 기관용 스테이블코인의 일종인 '토큰화된 예금Tokenized Deposit'에 가깝다. 고객이 은행에 맡긴 현금을 디지털 토큰 형태로 발행하고, 그 토큰을 블록체인 위에서 실시간으로 결제·청산·정산하는 방식이다. 전통 금융의 대표 주자가 블록체인의 장점을 수용하되, '탈중앙화'라는 이념보다는 신뢰와 통제를 기반으로 한 중앙집중형 구조를 선택한 것이다. 이는 기술혁신을 넘어, 금융 시스템 설계에 대한 전통 은행의 전략적 해석이 담긴 상징적 시도이기도 하다.

이러한 실험은 폐쇄형 네트워크에 머무르지 않았다. 2025년 6월, JP모건은 퍼블릭 블록체인이라는 새로운 무대에도 발을 들였다. 이들이 선택한 플랫폼은 코인베이스가 기획하고 이더리움 기반 레이어2 기술로 구현된 '베이스Base'였다. 그 위에 'JPMD J.P. Morgan Deposit Token'라는 새로운 디지털 예금 토큰을 선보인 것이다. 퍼블릭 블록체인을 활용하지만, JPMD 역시 기관 고객만 사용할 수 있는 허가형Permissioned 구조를 유지한다. JP모건은 이를 통해 퍼블릭 인프라의 개방성과 연중무휴 결제 기능, 나아가 이자 지급 가능성까지 실험하고 있으며, 기존 금융 규제와의 정합성을 해치지 않는 방향으로 기술 적용 범위를 넓히고 있다.

결국 JP모건은 폐쇄형과 퍼블릭 체인이라는 두 무대 위에서, 각각의 특성과 리스크를 고려한 이중 실험을 펼치고 있다. 그리고 그 메시지는 분명하다. "스테이블코인은 은행도 만들 수 있다. 그리고 은행이 만들면, 이 기술은 훨씬 더 넓은 곳에서, 훨씬 더 안정적으로 작동할 수 있다." 이는 단지 기술에 관한 이야기가 아니다. 디지털 시대, 금융 시스템의 미래를 누가 어떻게 설계할 것인가에 대한 매우 전략적인 선언이다.

유통과 물류 현장에
이미 도입된 스테이블코인

책상에 앉아 이론을 말하는 것과 실제로 사업에 활용하는 것은 차원이 다른 일이다. 수업 시간에 '수소차가 미래다'라고 외치는 것과, 실제 주유소 대신 수소 충전소에 줄을 서는 것 사이에는 현실성의 온도 차가 분명히 존재한다. 스테이블코인도 마찬가지다. 정말로 유용한가? 정말로 사업에 쓰일 수 있는가? 이런 질문에 대한 정확한 답은 '이미 그렇게 하고 있는 기업이 존재한다'는 사실이다.

대표적인 사례가 바로 메르카도 리브레Mercado Libre다. 낯선 이름이지만, 사실 이 회사는 남미판 쿠팡이자 아마존이다. 브라질, 멕시코, 아르헨티나 등에서 가장 널리 사용되는 온라인 쇼핑 플랫폼이기도 하다. 그런 메르카도 리브레가 최근 중요한 결정을 내렸다. 공급 업체에게 USDC, 즉 미국 달러에 연동된 스테이블코인으로 대금을 지급하기 시작한 것이다. 기존 정산 방식으로는 송금하는 데 며칠씩 걸리고, 중개 은행을 거치며 수수료는 만만치 않고, 환율 변동으로 공급 업체가 실제 받는 돈도 들쭉날쭉했다. 메르카도 리브레는 이런 비효율을 USDC로 단숨에 해결해버렸다. 돈은 몇 초 만에 도착했고, 누가, 언제, 얼마를 보냈는지도 실시간으로 확인할 수 있었다. 거기에 수수료는 미미한 수준이다. 마치 고속도로 요금소를 거치지 않는 하이패스와도 같다. 이 결정은 회사 전체의 운영 효율성과 거래 신뢰도를 끌어올린 탁월한 한 수였다.

두바이의 물류 대기업 DP 월드DP World는 항구, 컨테이너, 국제 운송을 담당하는 물류 기업이다. 전 세계 수많은 기업과의 거래망을 가진 글로벌 기업에 속한다. 이들도 국경을 넘는 송금 지연과 불확실성을 해결하기 위해 스테이블코인을 도입했다. DP 월드는 블록체인 기반의 송금 시스템을 통해 배송이 완료되면 자동으로 돈이 보내지는 스마트 시스템을 만들었다. 말 그대로 사람이 개입하지 않아도, 트럭이 목적지에 도착하는 순간 결제가 이루어지는 구조다. 이런 일이 가능한 건 조건이 충족되면 자동으로 실행되는 일종의 디지털 계약인 스마트 콘트랙트Smart Contract 기능 덕분이다. 이전에는 대형 기업들만 가능했던 국제무역이, 이제는 기술 덕분에 더 많은 기업에게 열리고 있다. 스마트폰만 있으면 누구나 참여가 가능한 디지털 무역 네트워크가 시작된 셈이다.

온라인 상점계의 구글이라고 불리우는 쇼피파이는 전 세계 수백만 개의 온라인 상점을 지원하는 글로벌 전자 상거래 플랫폼이다. 쇼피파이는 최근 몇 년간 블록체인과 웹3 기술을 적극적으로 도입하며 디지털 결제 방식의 혁신을 시도했다. 그 중심에는 스테이블코인이 있다. 기존 전자 상거래 생태계의 문제점인 국경 간 결제 지연, 수수료 부담, 환율 리스크 등을 해소하기 위한 실질적 대응이라 할 수 있다. 2022년부터 코인베이스, 크립토닷컴Crypto.com 등의 글로벌 디지털 자산

글로벌 전자 상거래 플랫폼 쇼피파이에서는 이미 스테이블코인이 결제 수단으로 자리 잡았다.

거래소와 협력하여 스테이블코인을 포함한 다양한 디지털 자산 결제를 지원하기 시작했다. 특히 코인베이스가 운영하는 결제 플랫폼, 일종의 전자 결제 대행사와의 협업을 통해 고객들은 USDC 스테이블코인으로 결제를 진행할 수 있게 되었다. 결제 과정은 일반 신용카드와 유사하지만, 고객은 디지털 지갑을 통해 직접 USDC를 전송하고 판매자는 이를 실시간으로 수취하거나 자동으로 현지 통화로 환전받을 수 있다.

쇼피파이 같은 온라인 커머스의 스테이블코인 도입은 결제 수단의 확장을 넘어 웹3 생태계와의 연결이라는 측면에서도 큰 의미를 가진다. 스테이블코인 기반 결제를 통해 판매자는 디파이와 연결될 수 있고, 국경 간 거래의 제약을 받지 않으며, 구매자 역시 신용카드 없이도 온라인 쇼핑이 가능해진다. 이는 특히 금융 인프라가 열악한 국가의 소비자에게 접근성을 높이고 새로운 고객을 흡수하는 기회로 작용하고 있다.

기술이 아니라 '경제적' 선택지

스테이블코인은 더 이상 대기업이나 기술 기업의 실험이 아니다. 이미 개인들의 일상에 자연스럽게 스며들고 있다. 미국에서 일하는 필리핀 간호사가 지캐시 앱을 통해 가족에게 송금하고, 이를 가족들이 몇 분 만에 현지 통화로 바꿔 쓰는 일은 이제 낯선 일이 아니다.

메르카도 리브레나 DP 월드, 쇼피파이처럼 보수적이고 대규모 의사 결정을 요구하는 대기업들이 스테이블코인을 도입했다는 건 매우 중요한 시그널이다. 이는 단지 '기술이 멋져 보여서'가 아니라 스테이블코인이 실제로 비용을 줄이고, 속도를 높이며, 운용 효율성을 개선하는 경제적 선택지임을 의미한다.

기업들은 누군가가 성공적인 실험으로 시장 가능성을 입증하면, 빠르게 벤치마킹해 추격에 나선다. 지금은 스테이블코인을 사용하는 기업이 소수에 불과하지만, 성공 사례가 쌓일수록 그 확산 속도는 더욱 빨라질 것이다. 기술이 낯설고 신기할 때는 멀리서 바라만 보지만, 새로운 수익을 창출하거나 비용을 줄여준다는 사실이 입증되는 순간 누구든 곧바로 따라가기 마련이다.

결국 중요한 것은 이 기술이 어디에서, 어떻게, 왜 우리의 일상에 스며드는지 그리고 과연 지속적으로 사용될 수 있는지를 질문하는 일이다. 이에 스테이블코인은 분명한 방식으로 답하고 있다. 무역 회사의 송장을 바꾸고, 항구의 물류 프로세스를 자동화하며, 해외 근로자의 월급봉투를 더 두둑하게 만들어주는 이 디지털 자산은, 이제 흥미를 불러일으키는 신흥 기술을 넘어 톡톡한 실용성을 입증하는 중이다. 이처럼 피부로 와닿는 변화야말로 혁신의 시작이라 불러 마땅할 것이다.

한국은행:
스테이블코인은 화폐의 대체재다

한국은행이 개최하는 2025년 BOK 국제콘퍼런스에서도 스테이블코인은 뜨거운 감자였다. BOK 국제콘퍼런스는 국내외 학계와 일선에서 정책을 결정하는 최고 전문가들이 모여 세계경제의 주요 현안과 통화정책 방향을 논의하는 국제 행사다. 특히 언론의 주목을 끈 것은 이창용 한국은행 총재와 크리스토퍼 월러Christopher Waller 미국 연방준비제도 이사의 대담에서 나온 스테이블코인과 중앙은행 디지털 화폐CBDC에 대한 발언이었다. 월러 이사는 민간 사업자가 발행하는 스테이블코인을 비은행 기관이 제공할 수 있는 지급결제 수단으로 정의하고, 미국의 높은 결제 수수료를 민간에서 낮춰줄 수 있다는 측면에서 우호적인 입장을 밝혔다.

아직은
부정적인 입장

 반면 한국은행의 총재는 "원화 스테이블코인을 비은행권에도 허용할 것인지 금융 안정성 측면에서 고려가 필요하다"라는 부정적인 입장을 보였다. 비은행권에 발행을 허용할 경우 기존의 규제 체계를 우회하는 수단으로 악용될 소지가 있고, 특히 금융회사가 갖춰야 할 최소 자기자본 요건 등의 안전장치가 무력화될 가능성이 높다는 우려였다. 한국은 미국과 달리 금융회사의 자본 규제를 중시하는 만큼 조심스러울 수밖에 없다는 말도 덧붙였다.

 한국은행 총재는 금융통화위원회 기자 간담회에서도 원화 스테이블코인에 관한 한국은행의 입장을 밝힌 바 있다. 원화 스테이블코인이 가치 변동 없이 교환이 보장되는 기능을 수행하기 때문에 디지털 자산이 아니라 화폐의 대체재로 보아야 하며, 따라서 화폐 발행과 관리를 담당하는 중앙은행의 고유 업무 영역에 속한다고 단호히 말했다.

 한국은행은 왜 이토록 원화 스테이블코인에 민감한 반응을 보이는 것일까? 한국은행 총재의 발언과 보고서의 내용을 살펴보면, 일관되게 원화 스테이블코인이 금융 안정을 위협할 수 있다는 점을 지적하고 있다. 금융 안정은 물가 안정과 함께 한국은행법 제1조에 명시되어 있을 정도로 한국은행의 가장 중요한 목표다. 따라서 원화 스테이블코인이 금융 안정을 위협할 수 있는 요소라고 판단된다면 단호하게 대처할 수밖에 없다.

위기의 시작은 기본 금융 규제 체계 외부에 있는 원화 스테이블코인 발행사에서 사건·사고가 발생할 때다. 해킹이 발생하거나 준비자산이 부실하다는 의심이 시장에 널리 펴져 발행사를 향한 신뢰가 크게 하락하면, 동시에 다수의 이용자가 일시에 보유한 스테이블코인을 원화로 교환을 요청하는 뱅크런, 소위 코인런이 발생할 수 있다. 이 시점에 발행사의 준비자산 보유 현황이 부실하다면 발행사는 파산하게 되며, 이에 따른 충격이 금융시장 전반에 고스란히 확산되는 시스템 리스크가 일어날 가능성이 높다.

한국은행이 원화 스테이블코인 발행에 민감한 두 번째 이유는 중앙은행의 권한 중 하나인 통화정책의 유효성이 약화될 우려 때문이다. 통화정책이란 한 나라에서 화폐의 독점적 발행권을 지닌 중앙은행이 경제 내에 유통되는 화폐의 양이나 금리를 조절하여 물가를 안정시키고 지속가능한 경제성장을 이루어 나가려는 일련의 정책을 말한다. 한국은행은 기준금리 조절이나 시장에서 채권을 사고 파는 등의 방법을 사용하여 통화 공급을 직·간접적으로 통제하는데, 민간의 스테이블코인은 한국은행과 무관하게 발행·유통되기 때문에 이러한 정책의 영향을 전혀 받지 않는다. 즉 스테이블코인의 시장점유율이 증가하면 증가할수록 한국은행이 물가 안정 등을 위해 실시하는 통화정책의 효과가 발생하지 않는 것이다.

CBDC
스테이블코인의 대항마가 될 수 있을까?

각국의 중앙은행이 스테이블코인의 위험성을 지적하며 대안으로 제시하는 개념이 바로 중앙은행이 발행하는 디지털 화폐, CBDC다. CBDC는 'Central Bank Digital Currency'의 약자로, 이에 대해 국제적으로 합의된 표준적인 정의는 아직 없다. 국제결제은행BIS 보고서에 따르면 중앙은행 내 지급준비금이나 결제성 예금과는 별도로 중앙은행이 전자적 형태로 발행하는 새로운 화폐라고 정의하고 있다. 2020년에 캐나다, 유럽, 일본, 스웨덴, 스위스, 영국, 미국 등 7개국 중앙은행이 협업을 통해 발간한 《CBDC: 기본 원칙과 핵심 기능》 보고서에서는 국가 회계 단위로 표시되는 디지털 화폐의 한 형태로, 중앙은행의 직접적인 부채Direct Liability라고 적시한 바 있다. 우리나라의 중앙

은행인 한국은행은 여러 국제기구의 정의를 따라 CBDC를 중앙은행이 발행하는, 즉 중앙은행의 부채인 디지털 형태의 화폐로 정의한다.

정부가 발행하는 디지털 화폐

BIS는 중앙은행이 CBDC를 발행하며 지켜야 할 세 가지 원칙을 다음과 같이 제시한다. 첫 번째 원칙은 '해를 끼치지 마라Do not harm'다. CBDC는 공공을 위한 정책 목표 달성을 지원해야 하며 중앙은행의 통화 및 금융 안정 유지 의무 수행을 방해하면 안 된다. 두 번째는 '공존Coexistence'이다. CBDC는 현금, 지급준비금, 결제계좌처럼 중앙은행이 기존에 발행하는 다양한 화폐와 서로 보완하는 관계여야 하며 은행 계좌 등의 민간자금과 공존할 수 있어야 한다. 또한 중앙은행은 CBDC를 발행하더라도 충분한 수요가 있는 한 시장에 현금의 공급과 지원을 지속해야 한다. 마지막 세 번째 원칙은 '혁신과 효율성Innovation and efficiency'이다. 중앙은행이 CBDC를 발행하더라도 사용이 불편하고 비효율적이라면 시장에서 외면당할 것이며, 이용자들은 CBDC 대신 안정성이 떨어지는 통화를 선택할 가능성이 높다. 이와 같은 상황이 발생하는 것을 방지하기 위해 중앙은행은 지속적인 혁신과 경쟁을 통해 CBDC의 효율성을 향상시켜야 하고, 이를 위해 민간 부문과 효과적으로 협업해야 한다.

CBDC는 용도, 운영 구조, 블록체인 이용 여부 등에 따라 다양하게 구분이 가능하다. 우선은 용도에 따라 일반 이용자가 일상생활에서 지급결제에 사용할 수 있는 '소매형 CBDC'와 금융기관 간의 대규모 거래 및 결제에 사용되는 '도매형 CBDC'로 나눌 수 있다. 이 중 스테이블코인과 직접적인 경쟁 관계에 있으며, 언론 매체에서 자주 언급되는 CBDC는 대부분 소매형 CBDC를 뜻하는 것이다.

운영 구조에 따라서도 구분 가능하다. 제조, 발행, 환수, 유통 업무와 최종 이용자에 대한 대고객 서비스 제공 역할을 중앙은행과 시중은행 간에 어떻게 분담할지에 따라 직접형, 간접형, 중개형, 혼합형 등으로 나뉜다. '직접형'은 중앙은행이 CBDC를 직접 발행 및 회수하며, 유통과 대고객 서비스 제공도 직접 수행하는 모델이다. '간접형'은 민간 금융 사업자가 중앙은행에 현금, 지급준비 예치금 등을 담보로 제공하고, 담보 제공량에 비례하여 중앙은행이 발행한 CBDC를 이전받아 이에 상응하는 가치의 자체 디지털 화폐를 발행하는 방식이다.

중앙은행이 CBDC의 제조, 발행, 회수를 직접 수행하나 유통은 민간 기관과 공동으로 수행하는 '중개형' 모델도 있다. 중개형 모델은 중앙은행이 화폐가치의 안정, 유사시 통화 공급의 탄력성 보장, 금융 시스템 전반의 감시 등 운영의 핵심적인 역할을 담당하는 동시에 민간 금융 사업자가 일부 운영 업무와 대고객 서비스를 위임받아 수행하며 시장의 경쟁 및 혁신을 촉진할 수 있다는 것이 장점이다. '혼합형'은 중개형과 같이 중앙은행이 CBDC의 제조, 발행, 회수를 직접 수행하나 유통은 민간 기관과 공동으로 수행하는 모델이다. 중개형과 다른 점은 중앙은행이 개별 거래 정보까지 모두 보관한다는 것이다. 이 경우 중앙은행이 총유통량을 관리·감독하기 어렵다는 중개형의 단점을 극복할 수 있으나 모든 거래가 중앙은행의 원장에 기록되어 속도가 저하되고 개인의 사생활이 침해될 수 있다는 우려도 존재한다.

한국은행에 따르면 대다수 중앙은행은 중개형 혹은 혼합형 운영 방식을 고려하고 있다. 바하마, 나이지리아 등 이미 CBDC를 도입했거나 중국, 스웨덴, 일본, 유럽 등 CBDC 관련 연구가 많이 진척된 나라의 대부분이 이를 채택했고, BIS에서 전 세계 중앙은행을 대상으로 실시한 설문 조사에서도 대부분의 국가가 선호하는 것으로 나타났다.

전 세계 중앙은행이 CBDC 도입을 검토하는 이유

세계 주요국의 중앙은행이 CBDC 도입을 연구, 검토하기 시작한 데는 여러 이유가 있다. 이를 가속화한 사건 중 하나가 앞서 살펴본 메타Meta(당시 페이스북)의 스테이블코인 리브라Libra 발행 시도다.

2019년 6월, 메타가 높은 가치 변동성 등 기존 디지털 자산의 한계를 개선하기 위해 스테이블코인 리브라를 발행한다는 계획을 발표했을 때의 충격은 굉장했다. 물론 리브라 이전에도 USDT 등 민간에서 발행한 스테이블코인이 존재했고 이것이 확산될 경우 금융 시스템 속 중앙은행의 역할에 부정적 영향이 갈 것이란 우려도 있었다. 그러나 글로벌 1위 SNS 플랫폼인 메타가 마스터카드, 비자, 페이팔 등 거대한 결제 서비스 제공 회사들과 협업하여 전 세계에서 사용 가능한 글로벌 단일 통화를 공급한다는 계획은 모든 국가의 중앙은행에 위기의식을 불러일으켰다. USDT 등 기존 스테이블코인의 규모가 지속적인 성장세를 보이긴 했지만 2019년 당시 그 영향력은 꽤나 제한적이었다. 그러나 당시 20억 명 이상의 글로벌 유저를 확보하고 있었던 메타의 스테이블코인 리브라 발행 계획은, 디지털 자산 산업을 넘어 금융 실생활 전반에 끼칠 영향력을 짐작케 했다. 각국의 중앙은행 입장에서 이는 금융 시스템 안정 및 이용자 보호 측면에서 큰 위험 요소였고, 신흥국에서는 통화 주권을 위협받을 가능성마저 제기되었다.

이에 대한 대응책으로 제시된 것이 중앙은행의 CBDC 발행이었다. 미국을 비롯한 세계의 중앙은행은 리브라 프로젝트 발표 이전부터 글로벌 빅테크 기업의 시장 지배력 및 데이터 집중을 경계해왔다. 빅테크 기업은 초기에는 자사 플랫폼의 이용자 확보와 빠른 성장을 위해 무료 혹은 아주 저렴한 서비스를 제공하지만, 이후 다수의 이용자를 확보하며 시장 지배력이 강해지면 높은 수수료를 부과하여 수익을 극대화하고 진입 장벽을 형성하는 전략을 주로 사용한다. 이와 같이 높은 시장 지배력을 확보한 글로벌 빅테크 기업이 스테이블코인을 발행한다면 데이터 집중과 함께 독과점 구조가 고착화될 우려가 있다. 따라서 세계 각국 중앙은행들은 공공의 화폐 시스템인 CBDC 발행을 통해 빅테크 플랫폼 기업을 견제하고 경쟁 및 혁신과 서비스 개선의 선순환을 유도할 필요성이 있다고 판단했다.

달러 패권에 도전하는 중국의 디지털 화폐 전략

세계 주요국의 CBDC 연구를 촉진한 또 다른 사건은 바로 중국의 CBDC인 디지털 위안화 발행 계획이다. 중국은 2014년부터 중앙은행인 인민은행 내에 CBDC 연구팀을 만들고 다수의 특허를 보유하는 등 오랫동안 CBDC 발행을 준비했다. 공교롭게도 리브라 프로젝트 발표 한 달 뒤인 2019년 7월 인민은행이 CBDC 발행을 공식 발표했고, 이후 국가 차원에서 CBDC 발행 준비를 서두르는 모습을 보여주었다.

중국이 디지털 위안화 발행에 속도를 내는 이유로는 크게 두 가지를 꼽을 수 있다. 첫 번째는 중국 국내의 간편결제 시장을 양분하고 있는 알리바바의 알리페이와 텐센트의 위챗페이에 대한 견제다. 알리페이와 위챗페이의 점유율은 둘을 합해 중국 국내 모바일 결제 시장의 90% 이상에 달한다. 이처럼 민간 기업의 결제 서비스가 중국의 금융 시스템 전반에 영향을 미칠 정도로 규모가 큰 상황에서 중국 정부는 디지털 위안화 출시를 통해 이들의 영향력을 제어하고자 했다. 두 번째 이유는 디지털 위안화 발행을 통해 국제 화폐 패권에 도전하기 위함이다. 현재 국경 간 금융거래는 대부분 스위프트 송금망에서 미국 달러화를 기반으로 이루어지고 있다. 중국은 국제결제 체계가 다변화하는 쪽으로 발전해야 한다고 주장했다. 위안화를 달러에 대적할 만한 통화로 키우고 싶은 것이다. 이를 위해 디지털 위안화를 활용해 미국 달러 중심의 국제결제 시장 패권에 도전하고 있다. 다른 국가의 중앙은행 입장에서도 G2 강대국인 중국이 국제결제 시장에서의 CBDC 활용을 서두른다면 적극적으로 대응할 수밖에 없는 상황이다.

전 세계 중앙은행의
CBDC 도입 현황

국제결제은행BIS이 전 세계 중앙은행을 대상으로 실시한 CBDC에 관한 설문 조사에 따르면, 2023년 말 기준 94%의 중앙은행이 CBDC에 대한 연구 개발을 진행하고 있다. 설문 조사에 응한 중앙은행의 54%가 실증 단계의 실험을 진행 중에 있으며, 31%는 시범 운영Pilot Test을 실시 중이다.

중국은 적극적인 움직임으로 전 세계의 CBDC 도입을 촉발시켰다고 평가받는다. 중국은 주요국 중 가장 대대적이고 광범위한 CBDC 시범 운영을 실시하는 나라다. 2019년 일부 시범 지역에서 상업은행이 참여하는 폐쇄형 테스트를 실시한 것을 시작으로 2020년에는 선전, 쑤저우 등 일부 지역에서 일반 시민과 기업을 대상으로 공개 테스트를 실시했다. 이후에는 중국 전역으로 시범 운영을 확대하여 2023년 5월 기준 디지털 위안화를 사용할 수 있는 지역이 17개의 성省 및 시 내부 26개 구역에 달하며, 일부 지역에서는 공무원과 공공기업의 급여를 디지털 위안화로 지급하는 등 사용 용도가 개인 간 자금 이체 수단, 물품 구매, 결제 대금에서 공공 영역으로도 확대되고 있다.

스웨덴도 CBDC를 오래전부터 연구해온 나라다. 자국민의 현금 사용이 급격히 감소하는 상황에 대응하기 위해 2016년부터 'e-크로나e-Krona'로 명명한 CBDC 도입 논의를 시작했다. 이 단계에서 e-크로나의 기본 개념을 구상하고 특성을 구체화했으며, 발행 시의 기술적 가

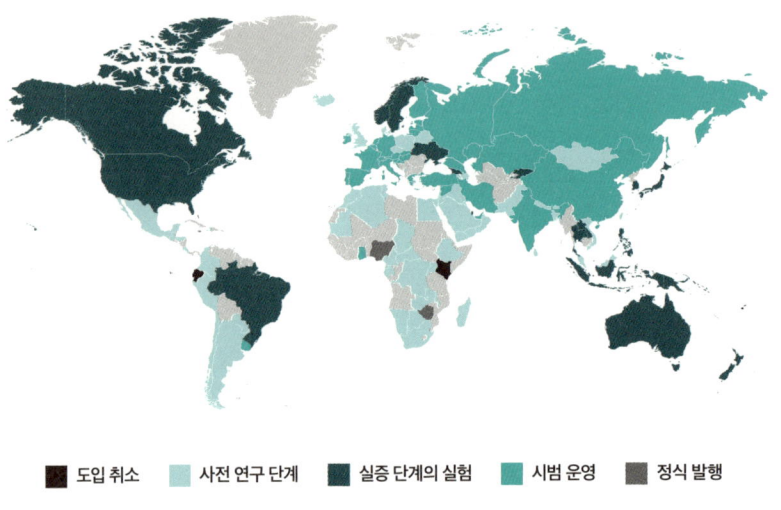

세계지도로 보는 CBDC 현황
(2025년 5월 기준)

■ 도입 취소   ■ 사전 연구 단계   ■ 실증 단계의 실험   ■ 시범 운영   ■ 정식 발행

출처: cbdctracker.org

능성과 정책, 법률 측면의 이슈까지 분석했다. 2019년부터는 가상 환경에서 e-크로나 시범 운영을 진행하고 있다. 시범 운영으로 밝혀진 바에 따르면, e-크로나는 중앙은행이 은행 등의 참가 기관을 대상으로 e-크로나를 발행하면 참가 기관이 실사용자에게 이를 유통시키는 2단계 구조다. 한국은행에서도 2021년에 실시했던 'CBDC 모의실험 연구 1단계'에서 이와 같이 중앙은행이 CBDC를 제조·발행하고 은행 등의 참가 기관이 사용자에게 CBDC를 교환해주는 2단계 체계를 채택한 바 있다. e-크로나 시스템은 미국의 블록체인 전문 기업인 R3사의 코다Corda 플랫폼을 기반으로 설계되었다. 사용자는 전자 지갑에 e-크

로나를 보관할 수 있고, 연중무휴 24시간 실시간 지급이 가능하도록 구현할 예정이다.

유럽중앙은행ECB도 디지털 유로의 도입을 적극 검토하고 있다. ECB는 디지털 유로를 유럽 전체에서 시민과 기업이 소매 지급결제 시 사용할 수 있는 중앙은행의 디지털 부채로 정의하고, 2020년 디지털 유로의 필요성과 운영 구조, 설계 요건, 원칙 등을 포함한 검토 보고서를 발표했다. 이후 유럽 시민을 대상으로 의견 수렴, 모의실험 등을 수행했으며, 이 결과를 바탕으로 2021년 7월 '디지털 유로 프로젝트'의 출범을 공식 발표하기도 했다.

백지화된 미국의 CBDC

미국 연방준비제도Fed는 CBDC에 대해 신속히 도입을 추진하기보다는 다방면에 걸쳐 유용성과 위험에 대해 면밀하게 검토한 후 추진할 필요가 있다는 보수적인 관점을 견지해왔다. 다만 바이든 행정부는 스테이블코인의 확산, 일부 국가의 CBDC 도입 계획, 금융 포용 등을 이유로 CBDC의 발행에 긍정적인 입장을 내비쳤다. 바이든 전 대통령은 행정명령을 통해 정부 부처에 CBDC 연구 개발을 공식화했다. 이에 따라 2024년 10월, 재무부는 미래의 디지털 지불 결제 시스템에서 CBDC가 중심이 되어야 한다는 입장을 밝히기도 했다. 그러나 이러한 미국의 입장은 트럼프 대통령이 재선에 성공하면서 거대한 변화를 겪게 된다. 트럼프 대통령은 후보 시절부터 달러의 기축통화 지위 유지를 핵심 공약으로 내세웠고, CBDC가 달러의 지위를 약화시킬 수 있다는 이유로 지속적인 반대 입장을 밝혀왔다. 당선 이후에도 헤지펀드 출신인 스콧 배선트Scott Bessent 재무부 장관을 통해 자신의 임기 동안 CBDC 발행 의사가 없음을 공식화하면서, 미국의 CBDC 추진 계획은 사실상 백지화되었다. 이는 결국 CBDC 금지법 시행으로 종지부를 찍게 되었다.

안정성과 혁신 사이: 은행 기반 스테이블코인의 한계

핀테크, 즉 비금융 기업이 발행하는 스테이블코인에 대한 정부의 지나친 우려는, 발행 기관을 은행 등 제도권 금융기관 중심으로 한정하는 결과로 나타난다. 이러한 방향으로 스테이블코인을 제도화한 지역이 유럽과 일본이다. 유럽연합은 2023년 6월 MiCA 법을 제정하면서 스테이블코인 발행사에 대한 요건을 명확히 한 바 있다. 일본 역시 2022년 6월, 자금결제법을 개정하며 스테이블코인의 정의 및 발행 요건 등을 포함했다. 그러나 신속하게 제도화를 마쳤음에도 불구하고 유럽과 일본의 스테이블코인 시장은 전혀 활성화되지 못했다. 유로화 스테이블코인은 달러화 스테이블코인에 비해 여전히 세계시장에서 유통량이 미미한 수준이다. 엔화 스테이블코인은 실제 발행 건수도 많지 않은 데다 디지털 자산 거래소나 디파이 생태계에서 거의 활용되지 않는다.

두 국가의 스테이블코인이 빠른 제도화를 거쳤음에도 흥행하지 못한 원인으로는 안정성을 중시한 나머지 혁신성과 확장성을 고려하지 못했다는 점이 꼽힌다. 제도적으로 은행 기반 발행 구조를 채택하여 위험 요소를 제거했지만, 외려 이로 인해 혁신성이 발휘되지 못하고 민간 회사가 생태계에 자발적으로 참여하지 못하는 악순환이 발생했다.

은행의 IT 시스템은 금융 당국의 통제하에 있어 높은 보안 수준을 자랑하지만 이로 인해 빠르게 변화하는 블록체인 네트워크의 스마트 콘트랙트 환경과 외부 연동 구조에 즉각 적응하기 어렵다. 사용자 경험도 불편하다. 은행은 계좌 기반으로 작동하며, 사용자가 이용하기 위해서는 실명 확인, 계좌 개설, 인증 등 여러 단계를 거쳐야 한다. 반면 글로벌 민간의 디지털 지갑은 별도의 은행 계좌 없이 전 세계 어디서나 즉시 송금과 결제가 가능하다. 현저한 편의성의 격차는 사용자의 선택에 결정적인 영향을 미친다.

이러한 상황에서, 은행 기반 스테이블코인의 대안으로 최근 급부상한 개념이 바로 '자본시장 기반의 스테이블코인(이하 자본시장 스테이블코인)'이다. 자본시장 스테이블코인은 준비자산을 MMF, 단기국채, 토큰 증권 등 자본시장에서 판매되는 상품으로 구성하고, 자산운용사·핀테크 기업 등 민간 기업이 발행을 주도하는 모델을 말한다. 이용자들의 신뢰를 얻기 위해서는 스마트 콘트랙트 기반 자동화 공시 시스템과 신뢰성 있는 외부 기관의 회계감사를 활용한다.

대표적인 사례가 바로 USDC다. USDC는 송금 업체 라이선스를

은행 기반 스테이블코인 vs. 자본시장 기반 스테이블코인

구분	은행 기반 스테이블코인	자본시장 기반 스테이블코인
발행 주체	은행 또는 계열 금융기관 자산운용사	핀테크, 특화 법인 등 민간이 주도
준비자산 구성	은행 예금 중심	MMF, 국채, 역레포RRP 잔고 등 자본시장 상품 중심
리워드 설계	제한적 (이자가 없거나 제한적)	준비자산 운용 수익을 일부 공유하는 등 유연한 이용자 설계 가능
신뢰 메커니즘	금융사 라이선스, 금융 규제 기반 보증	스마트 콘트랙트, 실시간 공시, 외부 회계법인의 감사
상환 구조	창구 중심의 수동적 정산	스마트 콘트랙트 기반 자동 상환
기술 연동성	탈중앙화 금융(디파이) 및 웹3와 연동이 어려워 제한적	탈중앙화 금융, 웹3 등 글로벌 블록체인 서비스와 API를 활용한 연동에 개방적
위기 대응력	규제 기관 중심 사후 대응	실시간 준비자산 검증, 사고 발생 시 자동 차단 기능 내장 가능
국제 연동성	은행이 위치한 지역의 규제에 맞춘 설계	글로벌 결제망 및 프로토콜과 구조적 연결 용이
민간 혁신 유인	은행 및 계열 금융기관 내부의 참여와 이익 우선	유연한 비즈니스 모델로 다양한 민간 회사 유입 가능

출처: 디지털 G2를 위한 원화 스테이블코인 설계도(해시드 오픈리서치, 2025년 5월)

취득한 민간 기업인 서클이 발행하며, 준비자산으로는 주로 미국 국채나 MMF 등 자본시장의 상품을 활용한다. 회계감사는 외부의 대형 회계법인인 딜로이트Deloitte가 담당하며 발행량과 준비자산 구성은 웹사이트를 통해 실시간으로 공개되고 있다.

자본시장 스테이블코인의 장점은 어느 정도의 유동성과 안정성을 확보하면서도 보유자의 수익성을 증대할 수 있다는 점이다. 은행의 예치금과 달리 자본시장 스테이블코인은 보유 자산을 운용해서 나오는 수익의 일부를 분배하는 방식으로 설계할 수 있고, 이는 향후 스테이블코인의 기능을 송금·결제 수단에서 수익형 자산 혹은 디지털 국채로 확장시킬 수도 있음을 의미한다.

물론 자본시장 스테이블코인 모델을 택할 시 문제가 될 수 있는 부분도 존재한다. 역시나 규제 문제다. 준비자산이 국채나 MMF 등 증권으로 구성된 경우, 이를 근거로 발행된 스테이블코인이 '증권형 토큰'으로 분류될 가능성이 있기 때문이다. 증권형 토큰은 우리나라를 포함한 세계 여러 나라에서 제도화가 완료되었거나 추진되는 중인데, 이로 분류될 시 향후 금융 당국의 규제 대상이 되어 높은 수준의 진입 요건을 충족해야만 발행이 가능하다. 이를 극복하기 위해 발행사는 보다 정교한 발행 모델 설계와 철저한 준비를 갖춰야만 한다.

| 4장 |

현금의 종말과 새로운 디지털 금융 혁명: 스테이블코인의 현실과 미래

핀테크 흥망의 역사가 보여주는 스테이블코인의 미래

처음 등장한 목적 그대로, 스테이블코인은 여전히 디지털 자산 거래소, 디파이 등에서 주요하게 쓰이고 있다. 반면 국제 송금, 무역 대금 등을 제외하면 실제 소매 결제에 쓰이는 비중은 아직 미미한 수준이다. 그럼에도 하루가 다르게 쏟아지는 언론 기사들은 실생활에서의 쓰임새, 이로 인한 확장성에 대해 굉장한 기대감을 갖게 한다.

그렇다면 스테이블코인이 직면한 현실적인 도전 과제, 특히 오프라인 결제 시장에서의 한계점과 해결해야 할 과제는 무엇일까? 우선은 과거의 다양한 핀테크 서비스의 성공 및 실패 사례를 통해 스테이블코인이 나아가야 할 방향에 대한 교훈을 짚어보자. 동시에 스테이블코인만이 제공할 수 있는 혁신적인 효용성과 미래 비즈니스 모델의 가능성을 찾아볼 것이다.

　나아가 현재 규제 환경과 시장 동향을 면밀히 살피며, 스테이블코인이 열어갈 새로운 디지털 시대의 청사진을 제시할 것이다. 이 과정에서 스테이블코인이 단순히 기술적 진보를 넘어, 사회경제적 구조와 개인의 금융 생활에 어떤 영향을 미칠지 다각도로 조명해보려 한다.

　이야기에 앞서, 외국인 소비자가 한국의 온라인 몰에서 드라마 〈별에서 온 그대〉에 나온 코트를 결제하려다 공인인증서 탓에 실패한 일명 '천송이 코트 사건'을 돌이켜보자. 이 일은 한국 전자 결제 시스템의 폐쇄성과 규제 문제를 국제적으로 퍼트린 계기가 되었고, 동시에 국내 핀테크 산업에 불을 붙인 전환점으로도 작용했다.

　스테이블코인 역시 핀테크와 무관하지 않다. 기술로 금융을 변화

휴대폰 간편결제의 신기원을 연 삼성 페이는 전 세계 사용자 수 1억 5,000만 명을 돌파했다. 반면 카카오페이는 새로운 결제 단말기 설치의 부담이 작용해, 온라인에서의 성공을 오프라인으로 이어가지 못했다.

시킨다는 점이 핀테크와 매우 유사하기 때문이다. 국내 핀테크 산업은 부흥 이후 십여 년간 크고 작은 부침을 겪었다. 치열한 경쟁에서 살아남아 뿌리를 내린 사업도 있고 소리 소문 없이 사라진 서비스도 많다. 이 과정을 살펴본다면, 스테이블코인의 성공에 필요한 인사이트를 얻을 수 있을 것이다.

간편결제 사례에서 배우는 교훈: 삼성 페이와 카카오페이의 명암

삼성 페이의 성공 요인: 기존 인프라 활용과 사용자 경험 극대화

시골의 국밥집에 가서 주인아주머니에게 왜 QR 결제나 애플페이 결제가 안 되냐고 따지는 이는 많지 않을 것이다. 그러나 삼성이 만든 스마트폰을 내밀어 결제를 요청하는 장면은 어색하지 않다. IT에 밝지 않은 시골 노포의 사장님도 어렵지 않게 결제를 해준다. 이것이 삼성 페이가 만들어낸 단면이다.

    삼성 페이는 국내 간편결제 시장에서 독보적인 성공을 거두며 디지털 결제 확산의 모범 사례로 자리매김했다. 핵심 성공 요인은 기존 신용카드 단말기 인프라를 그대로 활용하여 가맹점에 추가적인 단말기 교체나 설치 부담을 주지 않았다는 점이다. 이는 삼성 페이의 기술적 특징 덕분이다. 우리가 소지한 신용카드는 결제를 위해 IC 칩과 카드 뒷면의 자기장 띠, 두 가지 방식을 사용한다. 자기장 띠는 카세트테이프나 비디오테이프와 같은 방식이다. 신용카드 뒷면의 자기장 띠에는 카드 번호, 유효기간처럼 결제에 필요한 정보들이 저장되어 있다. 과거의 카드는 이를 결제 단말기에 읽혀 거래를 했다. 그러나 자기장 띠의 정보는 비교적 복제가 쉬웠다. 이에 한국 정부는 2015년부터 IC칩을 통한 결제를 의무화했다. IC칩은 카드를 단말기에 꽂는 방식으로 결제를 한다. IC칩의 손상 등으로 결제가 실패할 경우 기존 방식인 자기장 띠를 사용할 수 있다.

삼성 페이는 이 자기장 띠의 자기장을 흉내 내는 MST_{Magnetic Stripe Transaction} 기술을 사용한다. 이는 가맹점주에게는 원화 결제와 다를 바 없는 편리함을, 사용자에게는 현금이나 카드 없이 휴대폰만으로 매장에서 결제할 수 있는 압도적인 편의성을 제공했다.

삼성 페이는 기술의 혁신을 넘어 고객 경험을 극대화하는 데 주력했다. 휴대폰을 켜기만 하면 바로 결제할 수 있는 빠른 구동 속도를 통해 과정을 간소화했으며, 멤버십 포인트 자동 적립, 교통카드 기능 탑재, 현금 인출 서비스 연동, 모바일 신분증 및 디지털 키 탑재 등을 확장 제공하여 이용자에게 실질적인 가치를 제공했다. 물론 스마트폰 제조사답게 휴대폰 속 기본 앱으로 탑재하여 높은 접근성을 제공한 것도 사용자 저변 확대에 크게 기여했다.

2015년 처음 공개된 삼성 페이는 2024년 기준 전 세계 활성 사용자 수 1억 5,000명을 돌파하며 확대 중이다. 삼성 페이는 사용자들에게 번거로움 없이 기존의 결제 방식보다 훨씬 편리한 경험을 제공함으로써 빠르게 시장을 장악할 수 있었다. 가장 쉽고 단순한 사용자 경험이 제대로 먹혀든 것이다.

카카오페이의 오프라인 확산 한계: 단말기 설치 장벽과 불편함 해소

반면 카카오페이는 오프라인 결제 시장에서 삼성 페이와 같은 큰 성공을 거두지 못했다. 카카오페이는 사용자의 스마트폰으로 가맹점과 통신하기 위해 NFC Near Field Communication 나 QR 방식을 사용하다 보니 가맹점에 별도의 단말기를 추가로 설치해야 했다. 이는 오프라인 결제 확산에 분명한 걸림돌이 되었다. 가맹점주에게 새로운 단말기 설치 비용과 관리 부담은 큰 장벽으로 작용했으며, 사용자 입장에서도 특정 단

오프라인 결제 기술 비교

	MST	NFC	QR	바코드
개요	카드의 자기장을 흉내내는 모듈	근거리 무선 통신 규격	고객 또는 가맹점에서 생성한 QR코드를 인식	1차원 코드 생성, 스캔
적용 서비스	삼성 페이	애플페이	알리페이	티머니
고객 장비	삼성 갤럭시 한정	스마트폰 (일부 미지원)	스마트폰	스마트폰
가맹점 장비	불필요	필요	필요	필요
보안성	중	상	중	하

말기가 설치된 곳에서만 사용 가능하다는 제약이 있었다. 이는 NFC를 사용하는 애플페이가 국내에서 확산되기 어려웠던 이유이기도 하다.

카카오페이는 온라인 간편결제에서는 강점을 보였으나, 오프라인 시장에서는 새로운 인프라 도입의 강제성이 오히려 대중적 수용의 걸림돌로 작용했다. 사용자들은 기존에 익숙한 결제 수단을 사용하고 있었기에, 새로운 단말기가 필요한 카카오페이를 굳이 사용할 유인을 찾기 어려웠다. 결과적으로 카카오페이의 오프라인 확산은 제한적일 수밖에 없었다. 물론 이는 카카오페이만의 문제는 아니었다. 네이버페이, NHN페이코 등 다른 주요 간편결제사도 오프라인 결제에서는 삼성 페이만큼의 성과를 내지 못했다. 오프라인 결제 확대를 위해 고민하던 카카오페이는 결국 2024년 4월, 삼성전자와 제휴하여 삼성 페이의 MST 기능을 카카오페이에 탑재했다. 오프라인 결제에 있어서는 삼성 페이가 주도권을 가져간 셈이다.

혁신은 익숙함 위에 쌓여야 한다: 인프라와 사용자 경험의 중요성

스테이블코인이 오프라인 결제 시장에 진입하는 상황에서도 마찬가지다. 앞서 살편 삼성 페이와 카카오페이의 사례처럼 인프라 장벽과 사용자 경험의 비연속성이라는 근본적인 문제에 직면하게 된다. 새로운 단말기 설치, 달러 기반 스테이블코인으로 국내 결제를 할 때 수반되는 복잡한 환전 과정, 그리고 기존 원화 결제 대비 확실한 혜택의 부족은 스테이블코인의 오프라인 확산을 가로막는 주요 원인이 될 것이다. 삼성 페이의 사례는 오프라인에서 특정 기술이 확대되기 위해서는 기

홍콩 기업 리닷페이의 고객이라면 비자 결제망이 구현된 곳 어디서든 스테이블코인 결제가 가능하다.

술적 우위만으로는 부족하며, 기존 시스템과의 마찰 없는 통합과 사용자에게 즉각적으로 체감되는 편익이 필수적이라는 사실을 보여준다.

홍콩의 핀테크 기업인 리닷페이Redot Pay는 비자Visa와 협력하여 스테이블코인 기반 결제 시스템을 도입했다. 전 세계 400만 명의 사용자는 충전을 통해 비트코인, 이더리움부터 USDT, USDC 등의 스테이블코인까지 결제할 수 있으며, 이 과정에서 1억 3,000만 개 이상의 글로벌 결제망을 활용하여 가맹점에 직접 정산이 이루어진다. 즉 전 세계 어디서든 비자 결제망이 구현된 곳이라면 결제가 가능하다. '비자'라는 고객의 익숙함 위에 스테이블코인의 새로움을 추가한 형태다. 리닷페이는 스테이블코인이 전통 결제망과 실질적으로 연결될 수 있다는 가능성을 보여주는 유의미한 시도다. 가맹점이 스테이블코인을 직접 수령하는 완전한 결제 사례는 아니지만, 전통 금융과 스테이블코인이 결합해가는 중간 과정에 가깝다. 이는 가맹점이 별다른 조치를 취하지 않아도 스테이블코인 보유자를 새로운 고객으로 끌어들일 수 있음을 보여주는 뜻깊은 성공 사례다.

외환 서비스 혁신 사례:
트래블월렛과 토스뱅크 외화통장

트래블월렛과 토스뱅크 외화통장은 전통적인 외환 서비스의 불편함과 높은 수수료라는 고객의 명확한 불편함을 해결하며 큰 인기를 끌었다. 이 두 서비스는 고객 편의성을 최우선으로 삼아 혁신적인 성공을 거뒀다.

국내 핀테크 기업인 트래블월렛Travel Wallet은 해외여행 시 필요한 외화를 은행보다 저렴하게 환전하고 실물 카드로 결제 및 인출할 수 있게 함으로써 '수수료 0%'라는 파격적인 혜택을 제공했다. 이는 복잡했던 국제 정산 및 결제 과정을 단순화하고, 비자 카드 발급 라이선스를 직접 취득하여 중간 수수료를 절감했기에 가능한 일이었다. 코로나19 종식 이후 해외여행 수요 급증과 맞물려 트래블월렛은 가파른 성장세를 기록하고 있다. 트래블월렛의 성공에 힘입어 대형 금융 그룹 계열사인 하나카드는 트래블로그, 신한카드는 SOL트래블 카드를 속속 내놓았다.

트래블월렛 vs. 은행 환전

항목	트래블월렛	은행 환전
환율	상시 우대 환율 (약 0~0.5%)	기본 환율 (약 1.75~3%)
환전 방식	앱카드 내 환전 (24시간 가능)	창구 방문
이용 시간	24시간 가능	창구 운영 시간 (평일 오전 9시~오후 4시)
수수료 구조	해외 결제 수수료	환전 수수료
결제 방식	실물 카드, 앱카드	현금
잔액 환불	앱카드 내 즉시 환전	재환전 시 창구 방문
관리 편의성	앱카드 잔액, 환전 관리, 현지 ATM에서 현금 출금	직접 관리, 은행 계열 카드 연동

　토스뱅크 외화통장은 17개 통화 지원, 평생 무료 환전, 24시간 실시간 환전 등의 혁신적인 기능을 통해 고객들에게 외환 자산을 편리하게 관리하고 '환테크' 기회까지 제공했다. 특히 100% 환율 우대와 10초도 채 걸리지 않는 간편한 계좌 개설 및 직관적인 앱 화면 설계는 고객 만족도를 높이는 핵심 요인이었다. 토스뱅크 외화통장은 출시 11개월 만에 200만 고객을 돌파하며 누적 환전 거래량 18조 원을 기록했고, 1인당 평균 9만 원의 환전 수수료 부담을 덜어주었다.

트래블월렛과 토스뱅크 외화통장의 성공은 고객에게 추가적인 편리성과 명확한 금전적 이득을 제공할 때 금융 상품이 폭발적으로 성장할 수 있음을 보여준다. 이들은 기존 외환 서비스의 높은 수수료와 시간 제약이라는 명확한 문제를 해결함으로써 대규모 사용자 유입을 이끌어냈다. 이는 스테이블코인에도 많은 시사점을 준다. 스테이블코인은 기업 간 국제 송금 분야에서 두각을 나타내고 있지만, 개인 고객에게도 이러한 편의성과 비용 절감이라는 강점을 보여준다면 충분히 성공을 거둘 수 있다. 국내 오프라인 결제 시장 역시 전통 금융 결제 시스템이 공고히 자리하고 있기에 명확한 가치 제안을 찾아야 고객의 선택을 받을 수 있다. 즉 스테이블코인이 국내 시장에서 성공하려면, 기존 원화 결제의 비효율적인 면을 해소하는 새로운 고객 가치를 지속적으로 발굴해야 한다.

오프라인의 벽을 넘지 못한 디지털 화폐: 비트코인과 페이코인

2017년에서 2019년경, 명동과 고속터미널 지하상가에서는 비트코인 결제 실험이 시도되었으나, 결국 실패로 돌아갔다. 비트코인은 화폐로서 기능하기 위한 세 가지 핵심 요소인 교환의 매개, 가치의 척도, 안정적 가치 저장이라는 화폐 본연의 기능을 완벽히 충족하지 못했다. 가장 큰 문제는 극심한 가격 변동성이었다. 결제하는 순간에도 가격이 크게 바뀌어 소비자나 가맹점주 모두에게 예측 불가능한 손실을 안겨 줄 수 있었다. 또한 느린 결제 속도와 높은 수수료는 실시간으로 이루어져야 하는 오프라인 결제 환경에 적합하지 않았다. 심지어 비트코인 거래 수수료는 네트워크 트래픽에 따라 급등락을 거듭했다. 결국 대중은 비트코인을 결제 수단보다 '디지털 금'으로 보고, 보유와 저장에만 관심을 갖기 시작했다. 이러한 근본적인 한계로 인해 비트코인은 백서에서 꿈꿨던 P2P 전자 결제에 안착하지 못했다.

페이코인, 참신한 접근에도 현실을 이기지 못하다

페이코인의 사례는 코인 발행사가 가격 변동성을 상쇄하려 했다는 점에서 시사점을 가진다. 디지털 자산이 실제 결제에 쓰이기 위해서는 판매자와 구매자 모두 가격 변동 부담을 견뎌야 한다. 그러나 페이코인은 가맹점 정산금의 안정성을 부여하기 위해 가격 리스크를 스스로 부담하기를 택했다. 페이코인을 발행한 다날의 사업적 특수성 덕에 가능한 모델이었다. 다날은 국내 대형 결제 대행사로 국내 7만여 개의 온오프라인 가맹점을 보유하고 있다. 새로운 결제 수단을 추가하고 결제 프로세스를 수정하기 위해서는 많은 장애물을 넘어야 하는데, 추가적인 전산 개발은 물론 가맹점과의 별도 계약도 선행되어야 한다. 다날은 20년의 업력을 가진 전문 업체였기에 이를 손쉽게 해결할 수 있었다.

    다날이 구축한 페이코인 결제는 고객이 가격 변동성만 감수할 수 있다면 일반적인 원화 결제와 다를 바가 없는 수준의 인프라를 갖추고 있었다. 적어도 가맹점의 익숙함은 해결했다. 하지만 페이코인은 초기 이벤트 시기를 제외하고 오프라인 결제에서 고객에게 유의미한 선택을 받지 못했다. 페이코인의 일시적인 할인 행사는 파격적이었지만, 일반적으로는 다른 경쟁 신용카드보다 고객 혜택이 적었던 것이다.

신용카드는 고객에게는 최대 1개월간 지불유예라는 강력한 혜택을 제공한다. 또 가맹점주에게서 받는 가맹점 수수료 중 일정 부분을 고객에게 카드 서비스, 캐시백 등으로 돌려준다. 가령 1만 원의 매출이 발생할 때도 가맹점주는 9,850원 정도를 카드사로부터 받는다. 150원은 카드사가 제반 비용 처리와 고객 혜택, 자사 수익으로 가져간다. 신용카드 혜택은 카드 상품마다 다르지만, 최근에는 최소 1~5% 수준이다. 새로운 결제 수단으로 자리 잡기 위해서는 신용카드가 고객에게 주는 가치 이상을 제공해야 한다.

핀테크 성공과 실패 사례가 주는 시사점

스테이블코인은 인류가 처음 접하는 화폐로서 디지털 경제 시대에 큰 가능성을 가진다. 그러나 제도권 금융에 녹아들기 위해서는 넘어야 할 산이 많다. 스테이블코인이 은행 송금을 완벽히 대체하는 순간을 상상해보자. 달러 현금을 대신해 USDT와 USDC가 손쉽게 활용되며, 누구든지 자신의 디지털 지갑 속에 비트코인과 스테이블코인을 소지한다. 여기까지는 쉽게 그려진다. 그런데, 현실에서의 적용은 어떻게 이루어지게 될까? 현지 가맹점에서는 언제, 어떻게 사용하게 될까? USDT로 금융 생활은 가능할까? 월급을 받고 보험료를 내고 각종 자동이체를 처리하는, 어쩌면 아주 일상적인 금융 말이다. 아무리 좋은 시도라 해도 시장, 즉 수요자가 움직일 동기가 없으면 변화는 없다. 이것이 스테이블코인이 법과 규제의 울타리를 타고 제도권에 들어오더라도 '빠른 대체'가 아닌 '공존'을 지속하리라고 예상하는 이유다.

공존이라는
현실적 대안

스테이블코인의 배후에는 블록체인이라는 탄탄한 기반 기술이 자리하고 있다. 블록체인 네트워크는 은행의 영업시간이나 국가 공휴일과 무관하게 24시간 거래가 가능하다. 해킹에도 안전하며 수수료 측면에서도 전통적인 금융권 대비 우월할 뿐 아니라 스마트 콘트랙트를 활용한 프로그래밍까지 가능하다. 잘 활용하면 기존 화폐로는 구현이 어려웠던 혁신적 금융 서비스를 만들어낼 수 있다.

　이러한 기술적 특성 덕분에 스테이블코인은 전통 금융과 디지털 자산 세계를 잇는 가교로서, 일반 통화의 가치를 유지하면서도 디지털 화폐의 기동성과 확장성을 제공하는 새로운 형태의 화폐 인프라로 평가받고 있다. 머지않아 달러와 연동된 USDT, USDC 등의 스테이블코인이 세계 각국에서 사용되고, 통화 주권을 지키려는 나라는 자국의 스테이블코인을 새롭게 발행할 것이다. 그 결과 극심한 경쟁 체제가 굳어질 전망이다. 다만 시장에서 기대하는 만큼 스테이블코인이 현실에 빠르게 녹아들 수 있을지는 여전히 의문이다. 스테이블코인은 언제, 또 어떻게 우리 생활에 들어오게 될까? 지금부터 질문에 대한 답을 찾아보자. 스테이블코인은 이 순간에도 조금씩 현실 세계로 스며들고 있다.

글로벌 활용 사례와 시장 확대

세계 어디서나 통용되는 디지털 통화로 기능하는 만큼, 스테이블코인의 실사용 사례도 점점 늘어나고 있다. 일례로 일론 머스크가 이끄는 스페이스X SpaceX는 위성 인터넷 서비스인 스타링크 Starlink의 요금을 스테이블코인으로 받는데, 특히 금융 환경이 열악한 일부 국가의 고객들에게 좋은 평가를 얻고 있다. 현지 통화를 즉시 달러 연동 스테이블코인으로 변환함으로써 환율 변동 위험을 줄이고 국제결제를 손쉽게 처리한다. 고객 결제 편의성을 높이고 스타링크의 체납율은 줄이는 원원 전략이다.

글로벌 프리랜서 및 임시 계약 경제, 예컨대 글로벌 AI 기업 또한 해외 계약자들에게 임금을 지급할 때 스테이블코인 옵션을 제공하여 현지 통화의 불안정성이나 국제 송금 지연 문제를 해소한다. 이처럼 국경을 초월한 결제 네트워크로서 스테이블코인은 해외여행자나 외국인 노동자, 다국적 비즈니스 등의 수요를 흡수하며 활용 범위를 넓혀가는 중이다.

중남미나 아프리카 등의 신흥국에서는 자국 통화의 인플레이션이나 환율 불안으로 인해 스테이블코인을 가치 저장 수단으로 사용하는 사례도 많다. 터키의 경우 스테이블코인 거래 규모가 GDP 대비 세계 1위에 달할 정도로 높은데, 이는 물가 불안 속에 달러 등에 연동된 스테이블코인을 통해 구매력을 지키려는 수요를 반영한다. 비자와 협력하는 데이터 플랫폼 알리움 랩스Allium Labs 등의 자료에 의하면, 이러한 시장의 수요에 힘입어 2024년 한 해 동안 스테이블코인을 통한 전 세계 송금·결제 거래액은 급증했고, 같은 기간 비자와 마스터카드의 결제액을 합친 것보다도 7.7% 많았다. 활성화된 스테이블코인 지갑 수 역시 2024년 2월 약 1,960만 개에서 2025년 2월 3,000만 개를 돌파하여 1년 사이 53% 증가한 것으로 나타났다. 사용자 저변이 빠르게 확대되고 있음을 보여주는 성장세다.

이와 같은 시장의 반응은 페이팔이나 비자 등의 전통 기업들도 스테이블코인 분야에 뛰어들게 만들었다. 비자는 USDC를 활용한 결제 정산 파일럿을 도입하는 등 글로벌 결제 인프라에 스테이블코인을 접목하려는 움직임을 보이고 있다. 스테이블코인의 글로벌 활용 사례와 시장 규모 증대는 디지털 금융에서 향후 이들이 차지할 입지가 나날이 커지고 있음을 증명한다.

글로벌 유통 공룡들의 스테이블코인 실험: 아마존과 월마트

글로벌 거대 유통 기업인 아마존과 월마트도 자체 스테이블코인을 검토 중인 것으로 알려졌다. 지니어스 법이 추진되면서, 두 기업은 달러 예금이나 미국 국채로 100% 담보된 스테이블코인을 발행하는 방안을 준비하고 있다. 공식 발표나 라이선스 신청까지 이루어진 것은 아니지만 내부적으로 관련 기술 파트너 선정과 법률 검토에 착수한 상태다.

    이들이 스테이블코인에 주목하는 주된 이유는 결제 비용 절감에 있다. 현재 신용카드 등의 결제 처리 수수료가 거래액의 1~3%에 달하는데, 만약 자체 스테이블코인을 통해 결제망을 구축해 수수료를 1%만

'유통 공룡'인 아마존과 월마트도 자체 스테이블코인 발행을 서두르고 있다. 비용 효율부터 시장에서의 경쟁력까지 단번에 거머쥘 수 있는 기회이기 때문이다.

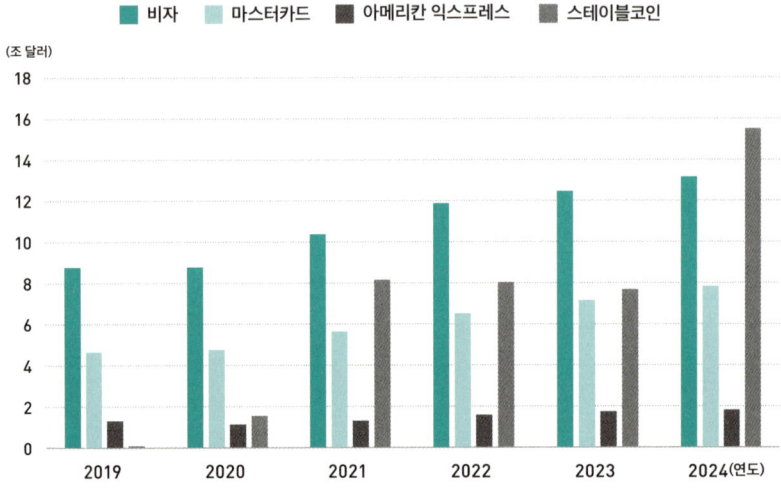

출처: ARK Invest Big Ideas 2025 보고서

절감해도 막대한 이익이 추가로 발생한다. 나아가 고객 락인Lock-in 효과와 데이터 확보 측면에서도 이점이 있다. 결국 아마존과 월마트의 행보는 민간 기업이 결제 인프라를 직접 소유하여 비용 효율성과 데이터 통제권을 높이려는 전략으로 풀이된다.

이처럼 거대 유통 기업까지 스테이블코인 실험에 나선 이유는, 디지털 시대에 걸맞은 새로운 금융 경쟁력 확보에 있다. 미국에서는 관련 법안 정비가 가시화되며 기업발 스테이블코인이 제도권 안착을 노리고 있다. 향후 규제가 명확해지면 애플, 구글 등 다른 플랫폼 기업들도 자체 스테이블코인 또는 결제 토큰 발행에 뛰어들 가능성이 거론된다. 이는 스테이블코인이 단순한 핀테크 유행을 넘어, 전통 기업들의 비즈니스 모델까지 바꾸는 게임체인저로 부상하고 있음을 의미한다.

스테이블코인에 추월당한 비자와 마스터카드

2019년에는 거의 존재감이 없던 스테이블코인 거래액이 2024년에 세계 1, 2위 결제사들을 모두 넘어선 것은 큰 기삿거리였다. 글로벌 결제의 양대 산맥인 비자와 마스터카드는 매년 안정적으로 성장하는 기업이지만, 스테이블코인은 이들보다도 훨씬 빠른 속도로 거래 규모를 확대해왔다. 자산운용사 비트와이즈Bitwise의 보고서에 따르면 2022년에는 거래액 6.87조 달러로 마스터카드(6.57조 달러)를 넘어섰고, 2024년에는 27.6조 달러를 기록하며 비자(13.2조 달러)와 마스터카드(9조 달러)를 모두 앞질렀다.

경쟁 대신 협력을 선택

비자와 마스터카드는 디지털 자산과 스테이블코인을 경쟁자로 바라보는 대신 협력을 선택했다. 각자 자신만의 방식으로 스테이블코인 결제 인프라를 구축하고 있다. 비자는 이더리움, 솔라나 등의 퍼블릭 블록체인을 통해 결제 정산에 스테이블코인을 활용하는 파일럿을 진행해왔다. 비자는 USDC를 자사 글로벌 정산망인 비자와 연계해 발행사Issuer와 매입사Acquirer 간 국제결제 대금을 스테이블코인으로 정산하는 실험을 진행했다. 2021년 호주에서는 디지털 자산 거래소인 크립토닷컴과 협업해 비자 카드로 발생하는 대금 정산에 USDC를 최초로 도입했으며, 2023년 9월에는 월드페이Worldpay, 누베이Nuvei 등 글로벌 결제 대행사들과 연계해 솔라나 블록체인 네트워크에서 USDC로 실거래 대금 정산 파일럿도 진행했다. 이러한 실험은 적게는 하루, 길게는 며칠 이상이 걸리던 국제 정산 과정을 거의 실시간으로 가능하게 만들었으며, 주말·야간에도 24시간 내 정산이 가능한 시스템으로 발전하고 있다. 나아가 비자는 은행들이 자체 예금 자산을 디지털화해 스테이블코인 형태로 발행·운용할 수 있도록 돕는 'VTAP' 플랫폼을 2024년 말 선보였고, 스페인 BBVA 은행이 이더리움 기반 실거래 실험에 참여하고 있다.

마스터카드는 디지털 자산 지갑 및 글로벌 거래소들과 제휴해 소비자가 USDC 등 스테이블코인을 카드로 실시간 결제할 수 있는 환경을 구축하는 중이다. 또한 스테이블코인을 실물 화폐로 입출금하거나 가맹점이 직접 스테이블코인으로 정산받을 수 있는 솔루션도 개발 중에 있다. 아울러 자체 블록체인 네트워크인 '멀티토큰 네트워크MTN'를 통해 예금, 스테이블코인, CBDC 간 실시간 전송과 결제가 가능한 개방형 인프라까지 제공하고 있다. 이 네트워크에는 JP모건, 스탠다드차타드, 온도 파이낸스Ondo Finance 등이 참여해 디지털 자산과 전통 자산 간 연결성과 국제 정산의 실효성을 검증하고 있다.

이처럼 비자와 마스터카드 모두 스테이블코인을 통해 자사 결제망의 효율성을 높이는 한편 새로운 확대 기회를 마련하는 데 열심이다. 비자는 스테이블코인을 통해 국경 간 정산 속도 및 효율성을 높여 새로운 글로벌 결제 시장을 선점하고자 한다. 국제무역, 외환 정산 등에서 전통 금융이 부담했던 비용과 속도의 한계를 해결하는 것이 핵심 목표다. 비자는 스테이블코인을 새 시대의 디지털 달러로 보고, 앞으로 금융기관뿐 아니라 핀테크와 소비자 모두를 포용하는 글로벌 표준으로 발전시킬 계획이다.

마스터카드 역시 스테이블코인을 통해 자사 네트워크를 미래형 디지털 금융의 핵심 채널로 만들려 하고 있다. 35억 장의 카드와 1억 5,000만 개의 가맹점을 통해 스테이블코인을 기존 카드처럼 쉽게 사용할 수 있도록 하는 것이 핵심 목적이다. 마스터카드는 스테이블코인을 통해 새로운 금융 경제가 열리는 가운데서도 자사 네트워크를 연결과 표준을 지탱하는 축으로 세우려는 의지를 보이고 있다. 결국 두 기업 모두 스테이블코인을 위기가 아닌 기회로 생각하며, 기존 인프라에 스테이블코인을 접목해 앞으로의 시장에서도 핵심 플레이어로 남기 위한 협력을 하고 있다. 이 선택은 디지털 전환 속에서 생존과 성장을 동시에 꾀하는 현실적인 계산이다.

실물경제 침투를 위한
끊임없는 시도

스테이블코인이 단순 송금 수단을 넘어 실물경제에 통합되는 양상은 여러 방면에서 관찰된다. 우선 무역 결제 및 공급망 금융 분야에서의 활용이다. 국제무역에서는 서류 처리와 은행 신용장 등이 얽혀 결제가 지연되는 경우가 많지만, 스테이블코인을 활용하면 거래 조건 충족 시 자동으로 대금이 결제되는 스마트 콘트랙트Smart Contract가 가능하다. 실제로 씨티은행은 세계적인 해운 기업 머스크Maersk와 협업하여 선박이 운하 통과 허가를 받으면 자동으로 보증금을 지급하는 파일럿을 시행했는데, 여기서 사용된 것이 토큰화 예금과 스마트 콘트랙트 기술이다. 이처럼 국제무역 결제에 스테이블코인을 도입하면 서류 검증에

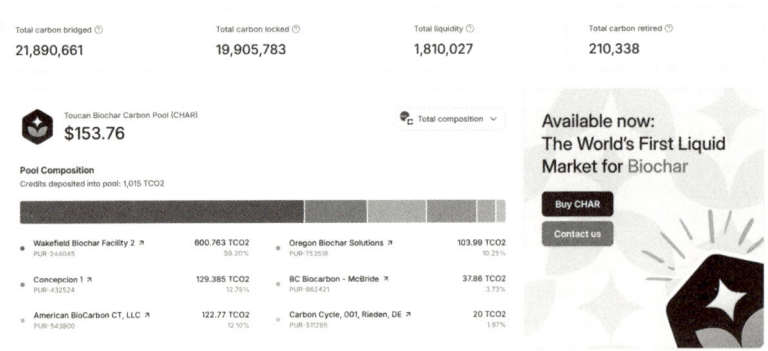

탄소배출권 토큰화 프로젝트를 진행하는 투칸Toucan. 홈페이지에서 디지털 지갑 연결을 통해 USDC로 투자가 가능하다.

따른 지연이 줄어들고, 물류 단계에 맞춰 자금 흐름을 자동화하여 공급망 효율성을 높일 수 있다. 향후 무역금융 영역에서 프로그램 가능한 디지털 달러는 신용장이나 보험을 대체하거나 보완하는 수단으로 발전할 것으로 기대된다.

스테이블코인의 존재감은 ESG 거래에서도 드러난다. 탄소배출권이나 재생에너지 같은 ESG 자산을 토큰화하여 거래할 경우 투명성과 추적 가능성이 향상되기 때문이다. 탄소배출권 토큰화 프로젝트인 '투칸Toucan'처럼, 블록체인상에서 탄소 감축 실적을 스테이블코인과 연동하여 발행하면 기업들이 이를 손쉽게 매매하거나 상쇄할 수 있다. 이는 온실가스 감축 노력을 금융시장과 연계하는 혁신으로, ESG 목표 달성에 필요한 인센티브 구조를 강화할 수 있다. 예컨대 어떤 기업이 탄소 중립 목표를 초과 달성하면 그 잉여분을 토큰으로 판매하여 다른 기업의 배출을 상쇄하고, 거래 대금은 스테이블코인으로 즉시 결제되는 식이다. 이러한 ESG 연계 스테이블코인 활용은 아직 초기 단계이긴 하지만, 탄소 시장 활성화와 지속가능 투자 확대라는 거시적 목표와 맞물려 성장 가능성이 크다.

스테이블코인은 기업 재무의 자동화에도 활용된다. 기업들은 스테이블코인을 통해 재무 운영을 효율화하고 있다. 독일의 기술 기업 지멘스Siemens는 JP모건의 JPM 코인을 활용해 자사 내부 결제를 자동화했는데, 정해진 조건이 충족되면 알아서 계열사 간 자금이 이동하도록 프로그래밍해둔 것이다. 이처럼 스테이블코인과 스마트 콘트랙트를 결합하면 기업 간 정산, 급여 지급, 세금 납부 등 주기적이고 조건부적인 재무 업무를 자동화할 수 있다. 페이팔은 PYUSD로 컨설팅 업체에 대금을 지급하는 최초의 기업 거래를 성사시켜 주목받았는데, 이 사례는 B2B 결제에서도 스테이블코인이 기존 은행 송금을 대체할 수 있음을 보여준다. 향후 많은 기업이 국내외 자금 이동에 스테이블코인을 도입한다면 실시간 자금 관리와 운전자본 최적화가 가능해질 것으로 전망된다. 나아가 사물인터넷과 연계하여, 공장 기계가 원자재를 자동 주문하고 스테이블코인으로 결제하는 등의 M2M machine-to-machine (기계 간 통신) 결제 시대도 실현될 수 있다. 이러한 기업 재무 자동화는 비용을 절감하고 업무 효율을 높임으로써 기업 경쟁력을 제고하는 계기가 된다.

이처럼 스테이블코인은 결제와 송금을 넘어 다양한 산업과 거시 경제 영역에 통합을 시도하고 있다. 실물 자산 토큰화를 통한 투자 혁신, 국제 통화 체제의 다변화 시도, 대기업 주도의 결제망 재편 그리고 미시·거시 경제 수준의 효율성 제고 등 다층적인 변화의 중심에 스테이블코인이 자리한다. 앞으로 규제가 명확해지고 기술이 성숙함에 따라 스테이블코인의 활용 범위는 더욱 확대될 전망이다. 이는 곧 금융의 민주화와 효율화 그리고 실물경제와 디지털 경제의 연결 고리 강화로 이어져, 현금 없는 사회에서 새로운 가치 교환의 표준으로 스테이블코인이 기능할 수 있음을 시사한다. 이러한 변화는 이미 시작되었다. 우리는 미래의 금융과 경제 구조를 근본적으로 재편할 이 거대한 흐름에 더 주목해야만 한다.

스테이블코인이
풀어야 할 과제

결제 수단으로서의
진입 장벽

현재 스테이블코인이 실물경제에서 결제 수단으로 사용되는 비중은 전체 활용 대비 5% 이하에 불과하다. 결제 인프라의 제약, 사용자의 심리적 장벽 그리고 사용 절차의 복잡성 때문이다.

    먼저 일상 결제 수단으로 자리 잡는 데는 여전히 높은 장벽이 존재한다. 우선은 가맹점에서 스테이블코인을 받기 위한 결제 인프라를 구축하는 일이 쉽지 않다. 소비자가 스테이블코인으로 결제를 하려면 가맹점이 디지털 지갑이나 결제 단말기POS 연동 시스템을 갖춰야 하는데, 이는 많은 영세 상인에게 기술적·비용적 부담을 준다. 현재로서는 비자나 마스터카드 같은 기존의 카드망에 스테이블코인을 연계하여, 겉으로는 법정화폐로 결제되고 뒤편에서 스테이블코인이 오가는 방식 등이 대안으로 수행되고 있다. 하지만 이는 진정한 의미의 스테이블코인 결제가 아닌 반쪽짜리 과정에 불과하다. 상점 주인은 여전히 스테이블코인이 아닌 법정화폐로 정산받기 때문이다.

소비자 측면에서도 진입 장벽이 존재하는데, 일반 소비자가 스테이블코인 결제를 이용하려면 먼저 거래소 등에서 법정화폐를 스테이블코인으로 바꾸어 자신의 디지털 지갑에 보관해야 한다. 이 지갑 설정 및 충전 과정이 복잡하여 기술 친화적이지 않은 사용자들에게는 큰 장애 요인이 된다. 실제로 쇼피파이 등 일부 글로벌 전자 상거래 플랫폼이 스테이블코인 결제를 시도하고 있지만, 지갑 설정의 번거로움과 소비자 인센티브 부족으로 도입이 더딘 실정이다.

특히 신용카드 결제는 소비자에게 포인트 적립 등의 혜택을 제공하는 데 비해, 스테이블코인 결제는 특별한 이점이 체감되지 않는다는 점도 보급을 가로막는 요소다. 페이코인도 국내 디지털 자산 거래소인 코빗과 협력하여 오프라인 결제를 시도했지만 일반 소비자가 수용하기 어려운 복잡한 과정 탓인지 주목을 받지 못했다. 페이팔의 스테이블코인 총괄 부사장은 "동네 가게에서 스테이블코인으로 바로 결제하는 일은 당장 일어나지 않을 것"이라며, 초기에는 온오프라인 일부 영역에 한정된 활용에 그칠 것으로 내다보았다. 광범위한 가맹점망과 사용자 편의성이 이미 구축된 기존 결제 시장에 스테이블코인이 파고들기 위해서는 기술 통합과 사용자 경험 측면에서 더 높은 수준의 편의성 제공이 필요하며, 그 전까지 보편화의 길은 험난할 전망이다.

소비자와 판매자의 심리적 장벽

심리적인 요인 역시 스테이블코인 대중화의 걸림돌이다. 화폐에 대한 신뢰와 관성 탓에 일반 소비자들은 국가가 보증하는 법정화폐에 익숙하고, 이를 가장 안전하게 느끼는 경향이 있다. 반면 스테이블코인은 가치가 고정되어 있다 해도 여전히 민간의 디지털 토큰이므로 막연한 불안감을 느끼기 쉽다.

특히 2022년의 테라-루나 사태처럼 일부 스테이블코인이 붕괴하여 큰 손실을 초래한 사건은 대중에게, 특히 한국인에게 부정적 인식을 심어주었다. 우리나라 정부도 이로 인해 스테이블코인에 부정적인 인식을 갖게 된 것이 사실이다. USDC도 미국 실리콘밸리은행SVB 파산 당시, 일시적으로 1달러 밑으로 가치가 떨어지는 현상, 일명 디페깅 De-pegging이 발생하여 과연 준비자산이 충분한가에 대한 의문과 함께 시장 신뢰가 흔들린 적이 있었다. 이러한 신뢰 문제로 인해 소비자나 상인들은 스테이블코인을 일상 거래에 활용하는 데 주저할 수밖에 없다.

각국의 정부 승인 여부가 불투명한 상황 역시 심리적 장벽을 키운다. 아직까지 많은 나라에서 스테이블코인을 정식 결제 수단으로 인정하지 않으며 다만 규제 방향을 잡아가고 있다. 제도화 이전에 스테이블코인을 쓰다가 법적 문제에 휘말릴까 우려하는 분위기도 있다. 요컨대 신뢰성과 익숙함의 문제 그리고 불확실성에 대한 두려움 때문에 소비자와 판매자 모두 스테이블코인을 선뜻 받아들이지 못하는 것이다.

절차의 복잡성과 규정 미비

스테이블코인을 사용하려면 거쳐야 하는 절차적 복잡성도 한계로 지적된다. 우선은 사용자가 은행예금을 스테이블코인으로 교환하는 것부터가 번거로운 일이다. 스테이블코인을 얻을 수 있는 곳은 디지털자산 거래소가 대표적이다. 거래소에서 스테이블코인을 구매하는데, 이 과정에서 고객확인KYC, 수수료 지불, 전송 대기시간 등이 수반되어 간편하게 카드를 긁는 기존 결제에 비해 상당한 노력이 필요하다.

반대로 스테이블코인을 법정화폐로 현금화하는 일도 번거롭다. 대부분 국가에서 스테이블코인을 직접 받아주는 상점이나 기관이 드물기 때문에, 사용자는 결국 보유한 스테이블코인을 다시 거래소 등에 보내 매도해야 한다. 일부 지역에서는 거래 인프라가 부족하거나 유동성이 낮아 스테이블코인을 현지 통화로 바꾸는 데 어려움이 있다. 가령 신흥국에서는 신뢰할 만한 현지 거래소나 환전소가 부족하여, 스테이블코인을 현금화하려면 높은 수수료나 지연이 발생하기도 한다. 현재 거의 모든 경제 환경은 법정화폐를 중심으로 운영된다. 상인 입장에서는 스테이블코인을 결제 수단으로 받아들인다고 해도 다시 법정화폐 현금으로 바꿔야만 매장 임대료를 지불하고, 직원의 월급을 주고, 매입 대금을 치르거나 세금도 낼 수 있다. 결국 월급·월세·공과금 등 모든 금융 생활이 스테이블코인으로도 이루어질 수 있게 바뀌어야 근본적인 해결이 가능한 문제다.

기업 입장에서도 회계 처리의 복잡성이 걸림돌이다. 스테이블코인으로 결제를 받으면 이후 장부에는 어떻게 기록해야 할지, 환율 변동에 따른 환산은 어떻게 처리해야 좋을지 등 명확한 기준이 필요하지만, 현재 회계기준이나 세법이 이를 충분히 다루지 못하고 있어 혼란이 발생한다.

스테이블코인은 본질적으로 안정된 가치를 유지하는 특성에도 불구하고, 자금 세탁이나 조세 회피, 다크웹 기반의 불법 무기 및 마약 거래 등에 악용될 수 있다는 우려를 꾸준히 받아왔다. 특히 시가총액 기준 최대 스테이블코인 발행사인 테더는 과거 준비금 불투명성, 외부 감사 부재, 불법 거래소와의 연계 의혹 등으로 규제 당국의 집중 감시 대상이 되어왔다. 다만 이러한 취약성에도 불구하고 최근 스테이블코인 시장은 규제 친화적인 방향으로 전환되고 있으며, 그 중심에는 미국 달러 기반의 USDC가 있다. USDC는 매월 준비금 내역을 공개하고 미국 은행에 자산을 예치하며, 회계법인의 감사를 받는 등 전통 금융 수준의 컴플라이언스 체계를 구축하며 규제 준수 의지를 내비치고 있다.

또 다른 문제는 국가 간 규정 차이다. A국에서는 합법인 스테이블코인이 B국에서는 미승인 자산일 수 있어 국제 비즈니스에서 활용 시 법규 준수 문제가 발생할 수 있다. 또 기술적인 복잡성도 배제할 수 없다. 사용자는 개인 지갑의 프라이빗 키Private Key를 안전하게 보관해야 하고, 분실 시 복구도 어려워 자금 손실 위험을 직접 져야 한다. 반면 기존 금융거래는 비밀번호 분실 시 은행이 복구를 도와주는 등 사용자 보호 장치가 확립되어 있다. 자기 책임 형태의 보안 관리에 익숙하지 않은 대중에게는 스테이블코인 사용이 부담스러울 수밖에 없다. 이와 같은 여러 복잡한 문제가 스테이블코인이 일반인이 손쉽게 쓰는 결제 수단이 되기까지 넘어야 할 대표적인 기술적·제도적 과제다.

스테이블코인과
전통 금융의 공존

스테이블코인은 빠르고 저렴한 결제를 가능하게 하고 효율성과 확장성이 뛰어나지만, 신뢰성과 규제 측면에서는 전통 금융의 뒷받침이 필요하다. 전통 금융은 검증된 인프라와 감독 체계를 통해 소비자 보호와 금융 안정을 유지해왔지만, 디지털 경제 시대에 앞서나가지 못했다. 양자가 충돌이 아닌 공존의 방식으로 협력할 때 진정한 금융 혁신이 현실화될 것이다. 은행이 스테이블코인 발행사의 보유 자산을 1:1로 안전하게 보관하고 정산을 지원하면 제도권 결제와 자연스레 연결될 수 있다. 중앙은행과 민간 발행자의 역할을 분리해 신뢰성과 개방성을 동시에 확보할 수도 있다. 금융 포용 확대, 국제 송금 결제 효율화 등 공익적 목적도 달성 가능하다. 결국 공존은 경쟁이 아니라 균형의 문제이며, 양자의 협력은 새로운 디지털 화폐 시대의 기반이 될 것이다.

대체가 아닌
보완과 경쟁의 과정

스테이블코인은 단기적으로는 기존 화폐를 완전히 대체하기보다 보완적인 역할을 할 것으로 예상된다. 스테이블코인은 법정화폐를 기반으로 발행된다. 이는 경쟁자라기보다는 달러의 가치를 전자적으로 구현한 매개체임을 의미한다. 한국 원화에 연동된 스테이블코인이 개발된다 해도 마찬가지다. 그것은 원화를 대체하는 새로운 통화라기보다는 기존 원화를 토큰화한 형태에 가까우며, 원화의 안정적 가치와 신용을 기반으로 블록체인상에서 이동하는 수단이 될 것이다. 따라서 스테이블코인은 기존 화폐 시스템을 보완하여 보다 효율적인 가치 이전을 가능케 하는 수단으로 자리 잡을 가능성이 높다. 실제로 페이팔의 PYUSD 도입에 대해 업계에서는 전 세계 4억 명 이상의 페이팔 유저와 3,000만 개 이상의 가맹점이 스테이블코인 시장으로 들어오는 것이라며, 전통 금융과 디지털 자산 세계의 상호 연결을 촉진하는 계기로 평가한다. 스테이블코인이 법정화폐로는 할 수 없는 일을 보완적으로 수행함으로써 전체 시장의 파이를 키울 수 있다는 의견이다.

일부 국가의 인플레이션 환경에서는 자국 통화의 구매력 하락을 스테이블코인이 보완해줄 수 있고, 자국 통화가 강세인 안정된 경제권에서는 굳이 스테이블코인을 일상에 쓰지 않더라도 해외 송금이나 디지털 자산 투자 등 특정 목적에 한해 적극적으로 활용할 수 있다. 북미와 서유럽 등 탄탄한 금융 인프라를 보유한 지역에서는 스테이블코인 도입 증가율이 신흥국보다 낮게 나타나는데, 이는 기존 시스템이 잘 작동하는 곳에서는 스테이블코인의 효용이 상대적으로 낮기 때문이다. 한국도 비슷한 상황이다. 반대로 금융 소외 계층이 많은 중남미나 아프리카처럼 자국 통화가 불안한 국가에서는 스테이블코인이 기존 화폐가 닿지 못하는 영역을 보완하며 금융 포용성을 높이고 있다.

좋은 예가 베트남이다. 베트남은 세계 최고 수준의 디지털 자산 채택률을 보이는 국가로 인구의 17~21%가 디지털 자산을 보유하거나 사용한 경험이 있는 것으로 조사되었다. 이는 무려 약 1,700만 명에 달하는 규모다. 베트남 당국이 디지털 자산을 법적으로 정의하거나 규제 체계를 마련하지 못한 가운데 USDT와 USDC를 중심으로 한 스테이블코인 시장이 독자적인 금융망처럼 성장했다. 베트남 국민들은 전통적으로 자국 통화의 불안정성에 대한 우려로 달러나 금을 선호해왔는데 최근에는 스테이블코인이 그 대안으로 각광받고 있다. 이처럼 스테이블코인이 미래에 법정화폐를 완전히 대체하지는 않더라도, 각자의 장점을 살려 상호 보완적인 공존을 이루어낼 것이라는 의견이 힘을 얻고 있다.

프로그래머블 머니가 만들어갈
새로운 가치

스테이블코인은 화폐나 전자화폐와 달리 스마트 콘트랙트가 가능하다는 차별점을 갖고 있다. 스마트 콘트랙트는 이더리움, 솔라나, 아발란체 등의 블록체인 네트워크 위에서 구현되는데, 이 덕에 전통 금융에서 구현이 어려운 다양한 비즈니스 모델이 가능하다. 예를 들어 콘텐츠, 음원 등의 사용량에 근거하여 탄력적 요금제를 설계할 수 있다. 디지털 콘텐츠 구매 후 환불 조건을 자동으로 실행하거나 계약서에 여러 가지 조건을 붙여 대금 지급을 자동화할 수도 있다. 은행이나 지급결제 사업자 없이 스마트 콘트랙트만으로 결제 조건을 자동화하는 것이 가능하기에 거래 리스크가 낮아진다.

앞서 살펴본 쇼피파이의 케이스가 여기에 속한다. 코인베이스와 협업해 USDC 결제를 스마트 콘트랙트로 활용한 결과 쇼피파이의 결제, 환불, 세금 처리 등 다양한 기능이 자동화되었고, 낮은 수수료로 글로벌 결제 확장까지 구현해냈다. 프로그래밍이 가능한 스테이블코인이 이미 실험되고 있는 것이다.

또 스테이블코인은 블록체인 원장에 이체 내역이 영구적으로 기록되며 누구나 이를 검증할 수 있다. 이 역시 기존 화폐에는 없던 기능이다. 사용 내역이 투명하게 추적되어야 할 경우 스테이블코인이 좋은 선택지가 될 수 있다. 스테이블코인이 송금을 기반으로 확대됨에 따라 스마트 콘트랙트 기능을 활용한 다양한 사업 모델과 실행 사례가 나타나는 중이며, 그 입지는 점점 더 확대될 것이다.

스테이블코인의
점진적인 제도권 편입

스테이블코인은 점차 제도권의 금융 시스템 속으로 편입될 것으로 전망된다. 일본, 싱가포르, 유럽연합, 미국 등 주요국에서 관련 법과 규정을 정비해가는 추세인데, 그 방향은 스테이블코인을 공식 금융기관이 취급할 수 있는 자산으로 인정하는 쪽에 가깝다. 이러한 규제 명확화는 은행·증권사·자산운용사 등 전통 금융기관들이 스테이블코인 사업에 뛰어들 수 있는 길을 열어준다. 리브라 프로젝트를 실패한 메타 역시 리플의 스테이블코인 RLUSD를 인수할 가능성을 보여주는 등 시장 재진입 의사를 내비치기도 했다. 페이팔 등의 대형 핀테크 기업도 스테이블코인 산업으로 빠르게 이동하고 있다. 페이팔은 자사 스테이블코인을 외부 지갑으로도 전송 가능하도록 인프라를 구축하여, 자사 플랫폼 안팎으로 자유롭게 활용하도록 준비하는 중이다. 일종의 개인 간 거래 플랫폼이 되는 셈이다. 이는 기존 금융회사들이 스테이블코인을 활용한 결제·송금 서비스를 제공하고, 그 뒤편에서는 블록체인으로 정산하는 형태가 구현될 수 있음을 시사한다.

    단, 제도권 편입은 단계적으로 이루어질 듯하다. 페이팔의 PYUSD도 초기에는 미국 거주자 대상 서비스로 한정되었는데, 이는 각국의 규제에 대응하면서 안전하게 확장하려는 전략으로 읽힌다. 한국에서도 법률 정비가 완료되기 전까지는 은행들이 실제 스테이블코인 발행을 보류하고 있다. 즉 제도권 진입은 규제와 보조를 맞춰 진행될 것이다. 향후 법적 불확실성이 해소되고 감독 체계가 명확해지면 스테이블코인은 은행의 예금처럼 제도권에서 관리·감독되며 신뢰성을 인정받는 자산으로 자리 잡을 것이다. 요컨대 스테이블코인의 미래는 정부와 금융권의 관리하에 안정성을 갖추고 전통 금융망과 연결되어 다방면으로 활용되는 모습에 가깝다.

전통 금융과 스테이블코인의 공진화

시장의 반응을 살펴보면, 스테이블코인이 현행 화폐와 공존하는 미래에 대한 기대가 확인된다. 디지털 자산 시장의 데이터에 의하면 스테이블코인에 대한 수요는 지속적으로 상승해왔다. 가령 USDT는 비트코인, 이더리움에 이어 세계 3위 규모의 디지털 자산으로 성장했다. 이처럼 폭발적인 성장은 디지털 달러에 대한 전 세계적 수요가 얼마나 큰지를 여실히 보여준다. 스테이블코인 발행사들은 투명성 제고와 준비자산 공개 등을 통해 신뢰 확보에 주력하고 있는데, 이는 제도권 진입을 위한 선제적 노력이라 볼 수 있다. 이미 국제결제은행BIS 등의 기구들은 스테이블코인의 표준과 투명성 규범 마련에 나섰고, 각국 중앙은행도 CBDC와 민간 스테이블코인의 역할 분담을 모색하고 있다. 업계 전문가들은 스테이블코인이 향후 금융 포용성 증대, 실시간 결제 혁신, 무역 거래 간소화 등에 크게 기여할 것으로 전망한다.

한편 우려도 적지 않다. 규제 당국의 통제 범위 밖에서 스테이블코인이 과도하게 성장할 경우 통화정책의 효과가 약화되거나 은행 예금이 스테이블코인으로 대거 이동하여 금융 중개 기능에 영향을 줄 수 있기 때문이다. 각국 중앙은행이 CBDC 발행 등을 통해 대응하려는 움직임을 보이는 것도 이 때문이다. 하지만 현재까지의 추세를 보면 스테이블코인은 민간 부문에서 혁신을 주도하고, 정부는 이를 감독·조율하여 위험을 관리하는 공존 전략이 유력하다. 스테이블코인의 영향력은 은행 산업까지 미칠 가능성이 크므로 은행은 원화 스테이블코인 발행에 적극적으로 참여할 계획을 갖고 있다. 즉 기존 금융권도 스테이블코인을 배척하기보다는 적극 수용하면서 새로운 기회를 모색하는 중이다. 이는 핀테크 태동 당시 은행의 대응 전략과도 유사한 측면이 있다.

앞날을 그려보았을 때, 소비자는 일상에서는 기존 화폐를 주로 사용하되 필요에 따라 스테이블코인을 통해 해외 송금이나 디파이 투자 등을 쉽게 할 가능성이 높다. 기업은 국내 거래에는 원화, 국제 거래에는 달러 스테이블코인을 활용할 것이고, 은행은 자체 예금 토큰 혹은 스테이블코인을 발행해 고객의 통장과 연계된 디지털 자산 서비스를 제공할 것이다. 결국 스테이블코인과 현행 화폐는 상호 보완적인 관계 속에서 공진화할 전망이다. 이는 화폐에 있어 또 한 번의 거대한 발전이다. 스테이블코인의 강점과 한계를 균형감 있게 인식하며 적절한 규제와 기술 발전이 뒷받침된다면, 현행 법정화폐 체제와 조화를 이루는 건강한 스테이블코인 생태계가 자리 잡을 것이다.

원화 스테이블코인과 한국의 미래

대한민국은 디지털 금융의 선도국으로 불릴 만큼 기술 도입에 있어 늘 빠르게 움직여왔다. 모바일 뱅킹, 간편결제, 인터넷 금융 인프라 등은 세계 최고 수준이지만, 유독 디지털 자산을 비롯한 스테이블코인을 바라보는 시선은 조심스럽고 복잡하다. 제도와 기술 사이, 통화 주권과 산업 육성 사이에서 갈등하고 있는 모습은 디지털 금융 시대의 한국이 마주한 딜레마의 초상이다. 지금 우리는 디지털 통화를 둘러싼 거대한 흐름 앞에 서 있다. 과감한 전진과 신중한 관망 사이, 방향을 결정해야 할 순간이다.

디지털 자산이라는 강력한 무기를 손에 쥐고도 주저하는 나라

대한민국은 뭐든 빠른 나라다. 아니, 정확히 말하면 '빠르지 않으면 안 되는' 나라다. 전국 어디서나 초고속 인터넷이 터지고, 스마트폰 하나면 주식도 사고, 대출도 받고, 친구에게 돈도 보낸다. 출퇴근길에 스마트 워치로 간단히 커피를 결제하고, 계좌 이체는 채팅 앱에서 이모티콘 하나 보내듯 쉽게 이뤄진다. 전 국민이 디지털 금융에 능숙한 나라에서, 스테이블코인만큼은 왜 이토록 조심스럽게 다뤄지는 걸까? 기술은 이미 준비되어 있지만, 제도는 여전히 관망 중이다. 디지털 금융 환경이 일상이 된 지금, 스테이블코인을 대하는 우리의 태도는 이례적일 만큼 신중하다.

스테이블코인이라는 단어는 국내에서도 이미 여러 해 전부터 뉴스 기사나 산업 보고서를 통해 등장해왔다. 하지만 정작 제도권에서는 이 단어를 입 밖에 꺼내는 데 오랜 시간이 걸렸다. 2025년 국회에 디지털자산기본법이 발의되면서 스테이블코인은 비로소 공식적인 법률 문서에 이름을 올렸다. 이 법안은 그동안 가상 화폐, 가상 통화, 가상 자산 등 부정적 의미로만 불리던 디지털 자산을 제도권 안으로 끌어들이려는 첫 시도였다. 그리고 그 중심에는 스테이블코인이 자리했다.

그런데 법안이 나오기도 전, 이해관계자들 사이에서 해석이 엇갈리기 시작했다. 금융 업계를 비롯한 블록체인, 핀테크 산업계는 이 현상을 기회로 여겼다. 블록체인 기반의 디지털 자산 시장은 한국이 글로벌 주도권을 가질 수 있는 몇 안 되는 산업 중 하나이며, 기술 경쟁력을 확보하고 기업 생태계를 육성해야 한다는 입장이다. 관계된 기업들의 주가도 치솟았다. 반면 한국은행은 또 다른 시각에서 이 현상을 바라보았다. 스테이블코인이 단순한 기술이나 산업 이슈가 아니라, 국가의 통화 주권과 직결되는 문제라고 본 것이다. 특히 원화에 연동된 스테이블코인은 민간이 발행하는 또 하나의 '사실상 통화'로 간주되며, 중앙은행 입장에서는 가장 예민하게 반응할 수밖에 없는 주제다.

대한민국에 원화 스테이블코인이 필요할까?

가장 뜨거웠던 쟁점은 바로 원화 기반 스테이블코인의 발행이다. 예를 들어, 어떤 기업이 시중은행에 100억 원을 예치한 뒤, 이를 담보로 100억 원어치의 'KRW 코인'을 발행한다고 가정해보자. 이 코인은 블록체인 위에서 실시간으로 전송되고, 상점이나 온라인 결제에 사용되며, 때로는 다른 디지털 자산과 교환되기도 한다. 그 자체로 화폐처럼 작동하는 것이다. 한국은행은 이 상황을 이렇게 묻는다. '정부가 발행하지도 않은 두 번째 원화가, 시장을 마구 떠돌아다녀도 무방한가?' 이는 중앙은행이 수십 년간 지켜온 통화 주권과 통화정책 수단에 대한 깊은 우려이자 경고에 가깝다.

만약 원화 스테이블코인이 대중화되어 사람들이 일상적인 결제에

한국은행 2025년 상반기 금융안정보고서 내용

잠재 리스크	발생 사유
코인런	가격 안정, 준비자산 신뢰 훼손에 따른 디페깅 발생으로 대규모 상환 요구
결제 및 운영	스마트 콘트랙트 오류 및 플랫폼 장애
외환 거래 및 자본 유출입	환율 변동성 및 자본 유출입 확대 등 외환 불안 현상
통화정책 유효성	중앙은행 통제 범위 밖에서 예측 불가한 통화량 증가 및 감소

자주 쓰기 시작하면, 시중은행 안에는 돈이 남아 있더라도 쉽게 꺼낼 쓰거나 다른 곳에 대출해줄 수 없는 상태가 된다. 언제든 요청이 들어오면 스테이블코인을 원화로 바꿔줄 수 있도록 준비해야 하기 때문이다. 이렇게 되면 은행은 기업과 개인에게 대출해줄 여력이 줄어든다. 그 결과 한국은행이 금리를 인상하거나 인하하더라도, 실물경제에 미치는 효과는 제한적이 될 수 있다. 마치 자동차의 브레이크나 액셀을 아무리 밟아도 제동이 불가능한 상황과 같다. 한국은행은 '2025년 상반기 금융안정보고서'에서 스테이블코인 확산에 따라 코인런, 결제 및 운영, 외환 거래 및 자본 유출입, 통화정책 유효성 등 네 가지 잠재 리스크가 발생할 수 있다고 경고한 바 있다.

다만 산업계의 입장은 조금 다르다. 한국이 지금 이 기술을 포용하지 않으면, 글로벌 디지털 경제에서 도태될 수 있다는 위기감이 강하다. 이미 USDT, USDC, EURCV, JPYC와 같은 스테이블코인들은 세계의 국경을 넘나들며 실제 결제와 송금에 활용되고 있다. 민간 기업들은 선점 효과와 각국의 규제 정책을 따라가며 자국 통화 기반의 디지털 결제 인프라를 구축하고 있고, 그 덕분에 디지털 달러나 디지털 유로와 같은 브랜드가 전 세계를 누비는 중이다. 한국이 제도 정비를 주저하는 사이, 다른 나라들은 이미 자국 화폐를 디지털로 만들어 세계로 수출하는 실험을 시도하는 셈이다.

흥미로운 것은 이 치열한 논쟁이 오가는 가운데 민간 산업계가 조용히 움직이고 있다는 사실이다. 대형 금융사들은 이미 토큰화된 예금과 디지털 채권을 테스트하고 있고, 일부 블록체인 스타트업들은 원화에 고정된 스테이블코인을 설계하고 있다. 전자 지급결제 대행사PG 가운데 일부는 소규모이긴 해도 스테이블코인 기반 결제 파일럿을 진행하고 있으며, 블록체인과 결제 시스템을 연동할 수 있는 API 개발에도 열심이다. 최근 국내 증시에서는 '원화 스테이블코인 수혜주'에 대한 관심이 빠르게 높아지고 있다. 제도화가 본격화되기 전임에도 불구하고, 관련 기술과 사업을 선제적으로 준비해온 기업들이 시장에서 주목받고 있는 것이다. 대표적으로 카카오페이, 다날, NHN KCP, LG CNS 등이 주요 수혜 기업으로 거론된다.

카카오페이는 카카오그룹 산하의 간편결제 전문 기업으로, 이미 국내 모바일 결제 시장에서 확고한 점유율을 확보하고 있다. 최근에는 블록체인 기반 정산 시스템과 디지털 전자 지갑 등 신기술을 도입하며 사업 영역을 확장 중이다. 특히 카카오의 블록체인 계열사 그라운드X 및 자체 블록체인 네트워크 카이아(옛 Klaytn)와의 연계 가능성은 디지털 결제 인프라 구축 측면에서 중요한 전략적 자산이다. 카카오페이는 대규모 이용자 기반과 전국 가맹점 네트워크를 보유하고 있어, 원화 스테이블코인 제도화 시 가장 빠르게 상용화에 나설 수 있는 유력 후보로 평가된다. 다만, 카카오 창업자 및 그룹의 사법 리스크는 중장기적인 잠재 변수로 작용할 수 있다.

다날은 전자 결제PG 분야의 대표 기업으로, 블록체인 결제 실험의 선두 주자 역할을 해왔다. 2018년 자회사인 다날핀테크를 통해 스위스 법인 페이프로토콜을 설립하고, 자체 디지털 자산 페이코인PCI을 발행했다. 비록 2022년에는 금융 당국과의 갈등으로 서비스가 일시 중단되기도 했지만, 페이코인은 전국 7만여 개의 가맹점에서 결제가 가능한 환경을 구축하며 실물경제와 연결되는 코인 사용 사례를 만들어냈다. PCI는 가격 변동성이 있어 스테이블코인으로 분류되지는 않지만, 그간의 실증 경험은 향후 원화 기반 스테이블코인 상용화에 있어 중요한 자산으로 평가된다.

NHN KCP는 NHN 그룹의 전자 결제 자회사로, 전국 수십만 개의 가맹점과 탄탄한 PG 인프라를 기반으로 한다. 페이코PAYCO라는 간편결제 서비스도 함께 운영 중이며, 게임, 커머스 등 계열사 협력 잠재력을 확보하고 있다. 특히 스테이블코인 발행과 유통, 정산을 모두 자체 시스템 내에서 처리할 수 있는 기술력과 인프라를 보유하고 있다는 점에서 시장의 기대가 크다.

LG CNS는 LG그룹의 IT 시스템 개발 전문 계열사로, 국내 주요 금융기관의 디지털 전환 프로젝트를 수행하며 신뢰도 높은 기술력을 입증해왔다. 특히 블록체인 플랫폼 구축 경험과 공공 부문 프로젝트 수행 이력 등을 바탕으로, 스테이블코인 기반의 정산 시스템이나 DID(탈중앙 신원 인증), 스마트 콘트랙트 연계 등 다양한 활용 가능성이 점쳐진다. 투자자들 사이에서는 기술 인프라 제공자이자 디지털 금융 수혜 구조의 숨은 강자로 평가받고 있다.

이처럼 원화 스테이블코인을 둘러싼 국내 기업들의 전략은 제도화 논의보다 훨씬 앞서 나가고 있다. 아직 규제 틀이 완전히 정비되지 않은 상황이지만, 관련 기업들은 기술 개발과 인프라 확장에 적극적으로 나서고 있으며, 법적 환경이 갖춰지는 순간 빠르게 시장을 선점할 잠재력을 지니고 있다. 향후 원화 스테이블코인 제도화가 본격 추진될 경우, 이들 기업이 한국 디지털 금융 생태계의 핵심 주체로 부상할 가능성은 더욱 커질 것으로 보인다. 언뜻 출발선을 조금 앞당겨놓고 총성만 기다리는 달리기 선수처럼 보이기도 한다. 규제가 허용되기만 하면 당장이라도 움직일 준비를 마친 것이다. 이처럼 산업은 이미 조용히 전진하고 있지만, 제도는 이제 막 첫발을 떼고 있는 상황이다. 그렇다고 한국이 제도적 장치를 아예 마련하지 않은 것은 아니다.

2024년 7월부터는 국내 최초의 디지털 자산 관련 법률인 '가상자산 이용자 보호법'이 시행되었다. 이 법은 디지털 자산 사업자에게 이용자의 자산을 별도로 보관하도록 하고, 해킹에 대비한 보험 가입을 의무화하며, 시세조종이나 내부자거래와 같은 불공정 거래를 금지하는 내용을 담고 있다. 이용자 보호에 초점을 맞춘 이 법은 디지털 자산 규제의 첫 단추이자, 다소 늦은 첫걸음이라고 할 수 있다.

2025년 6월, 국회에서는 보다 포괄적인 내용을 담은 디지털자산 기본법도 발의되어 논의 중이다. 이 법안은 스테이블코인을 포함한 디지털 자산의 발행, 유통, 거래소·커스터디 사업자의 등록 및 회계기준까지 규정하는 통합 프레임워크 구축을 목표로 한다. 특히 스테이블코인에 대해서는 준비금 요건, 발행 주체의 자격, 상환 의무 등 보다 구체적인 관리 규정을 포함하고 있어, 향후 제도화 논의의 중요한 전환점이 될 것으로 보인다.

국경 없는 디지털 경제 시대, 통화 주권을 지킬 마지막 기회

앞으로의 한국이 던져야 할 질문은 단순하면서도 깊다. 첫째, 우리는 스테이블코인을 '진짜 돈'으로 볼 것인가, 아니면 단지 '디지털로 포장된 상품' 정도로 취급할 것인가? 둘째, 그 발행 주체를 중앙은행이 단일 통제권을 가진 CBDC 체계로만 허용할 것인가, 혹은 시중은행에 맡길 것인가? 아니면 일반 민간 기업에게도 허용할 것인가? 마지막으로, 우리는 산업의 성장을 앞세울 것인가, 아니면 통화정책과 금융시장의 안정을 최우선 가치로 둘 것인가?

이 질문들은 세계의 많은 나라가 함께 고민하고 있는 주제다. 여기에 한국이 추가로 고려해야 할 특수한 상황이 있을까? 한국의 기술 수용 속도는 세계 최고 수준이며, 전국 어디서나 초고속 인터넷과 모바일 인프라를 누릴 수 있다. 국민들은 간편결제와 인터넷 금융에 이미 익숙하다. 새로운 기술 서비스가 등장하면 빠르게 확산되고, 시장은 그 변화를 민감하게 받아들인다.

하지만 제도는 여전히 신중하다. 중앙은행이 통화정책을 강하게 조율하는 구조 아래, 민간의 기술 실험과 제도 설계 간의 간극은 점점 벌어지고 있다. 특히 이런 디지털 수요 기반이 강한 나라일수록, 스테이블코인 같은 새로운 결제 수단의 영향력은 실물경제와 금융 시스템 전반에 훨씬 더 크게 작용할 수 있다.

만약 달러 기반 스테이블코인이 국경을 넘어 일상 결제와 송금 시장을 점유하게 된다면, 이에 대응할 원화 스테이블코인을 준비하지 못한 한국은 통화 주권과 금융 질서 면에서 더 큰 충격을 받을 수 있다. 디지털 통화 환경에서조차 외화 의존이 심화될 가능성도 배제할 수 없다. 결국 이 간극을 얼마나 전략적으로 좁히느냐에 따라, 기술을 선도할 기회와 제도적 리스크 사이의 균형은 전혀 다른 결과를 만들어 낼 것이다.

앞서 살펴본 질문들은 제도 설계의 문제가 아니다. 디지털 경제 시대에 한국이 어떤 나라가 될 것인지, 즉 어떤 선택을 통해 국제 무대에서 자리를 차지할 것인지와 직결된 전략의 문제다. 이 질문에 정답은 없다. 하지만 누가 먼저, 얼마나 똑똑하게 이 답을 설계하느냐에 따라 디지털 화폐 시대의 주도권은 완전히 달라질 수 있다.

스테이블코인은 더 이상 소수의 기술자나 블록체인 스타트업만의 고민이 아니다. 이제는 국가의 선택이 되어버린 이슈다. 미국은 의회를 통해 지니어스 법안을 설계했고, 유럽은 MiCA를 통해 제도화에 속도를 냈다. 싱가포르와 홍콩 같은 아시아의 금융 허브들은 아예 라이선스를 발급하며 제도화된 실험장을 만들어가는 중이다. 반면 한국은 그 문 앞에서 여전히 주저하고만 있다. 기술은 이미 출발선을 넘었고 시장은 그 기술을 끌고 달리기 시작했는데 법과 제도는 여전히 정비 중이다. 선택이 몇 년만 늦어진다면, 단지 하나의 기회를 놓치는 것을 넘어 디지털 금융 생태계에서 한국의 영향력 자체가 약해질 수 있다. 대한민국이 글로벌 디지털 자산 시대의 선도자가 될지 아니면 조용한 관찰자가 될지는, 결국 오늘의 결정에 달려 있다.

에필로그

화폐는 진화하고, 그 진화는 권력을 재편한다

우리는 지금, 단순한 기술의 혁신을 넘어 경제 질서와 신뢰 구조의 근본적인 전환점에 서 있다. 중앙은행이 독점해온 통화 발행권, 은행이 매개해온 결제 인프라, 인간 중심의 금융 시스템이 디지털 전환과 함께 전면적인 재구성을 맞고 있다. 그리고 그 중심에 있는 것은 디지털 자산 중에서도 단순한 투기 자산이 아닌, 새로운 인프라로 부상하고 있는 스테이블코인이다.

    스테이블코인은 단지 가격 변동성을 낮춘 디지털 자산이 아니다. 그것은 교환의 매개, 가치의 척도, 안정적 가치 저장이라는 화폐의 3대 기능을 디지털 환경에 맞춰 재설계한 프로그래머블한 디지털 화폐다. 페이팔, 메타, 리플랩스, 서클, 블랙록, JP모건 등 글로벌 금융과 플랫폼 기업들이 모두 이 새로운 질서 속 신뢰의 코드를 선점하기 위해 뛰어드는 이유도 여기에 있다.

2025년 7월, 미국 트럼프 정부는 지니어스 법GENIUS Act, CBDC 금지법Anti-CBDC Surveillance State Act, 디지털 자산 명확화법CLARITY Act이라는 일명 '디지털 자산 3법'을 통과시키며 민간 주도의 디지털 통화 생태계를 제도 안으로 편입했다. 이는 스테이블코인, 디지털 자산의 명확화를 넘어 미국이 디지털 화폐 전쟁에서 글로벌 헤게모니를 선점하려는 선언이었다. 디지털 시대에 권력의 이동이 법과 제도를 통해 공식화되고 있는 것이다.

스테이블코인은 이미 아르헨티나, 나이지리아, 베네수엘라 등에서 법정화폐를 점차 대체하고 있다. 인플레이션으로 가치 저장 기능을 상실한 국가에서는 국민들이 스스로 스테이블코인을 선택하고 있다. 이 현상은 기술적 편의로 시작된, 금융 자립의 표현이자 신뢰의 재구축이다.

스테이블코인은 스마트 콘트랙트와 결합해 프로그래머블 화폐로 점차 진화하고 있다. 특정 조건이 충족될 때 자동으로 지급되는 행정 자동화 시스템은, 급여는 물론이고 세금, 보조금, 지역 화폐 등 다양한 공공 정책에 투명성과 효율성을 부여한다. 유럽과 브라질, 아프리카 일부 지역에서는 실제로 스테이블코인을 행정 인프라로 사용하는 시범 사례가 늘고 있다.

스테이블코인이 정착되었을 때 가장 기대되는 부가가치는 전통 금융과 디지털 자산 생태계를 매끄럽게 연결하는 다리 역할을 한다는 것이다. 기존 금융기관도 이를 통해 디지털 자산 시장에 진입할 수 있고, 반대로 블록체인 기반 자산도 실물 경제와 접속할 수 있게 된다. 또한 기존 금융 시스템의 비효율을 제거하고, 중개 비용과 시간, 경계를 혁신적으로 축소함으로써 국제금융의 접근성과 효율성을 동시에 높이는 인프라가 된다.

한국형 스테이블코인 전략과 선택

이제 한국은 선택의 기로에 있다. 폐쇄형(CBDC 중심 국가 통제 모델), 혼합형(공공-민간 협업 모델), 개방형(민간 주도 상호 운용 모델)이라는 세 가지 시나리오 속에서 한국은 어떤 화폐 질서를 설계할 것인가? 이 질문은 단순한 금융정책이 아니라, 디지털 주권과 경제구조, 사회적 신뢰 모델의 방향을 결정하는 방향키다.

한국이 이 경쟁에서 단순한 수용자가 아닌 설계자로 나서기 위해서는 다음 세 가지가 필요하다. 첫째, 발행과 유통에 있어 전통 금융기관뿐 아니라 핀테크·스타트업·블록체인 기업 등 다양한 민간 주체의 참여가 보장되어야 한다. 둘째, 정부 보조금, 세금 납부 등 공공부문과의 연계를 통해 실질적 활용 기반을 구축해야 한다. 셋째, 카드사, PG

사, 글로벌 결제 인프라와의 기술적 연결을 통한 사용성 확보가 필수다.

이러한 기반 위에 한국은 아시아 신흥국 대상 송금 시스템 수출, K-콘텐츠 기반 글로벌 결제 네트워크, 무역 결제 혁신, 투명한 복지 시스템 등 다양한 부가가치를 창출할 수 있다. 그러나 이러한 전략의 전제는 명확하다. 스테이블코인을 규제 대상이나 리스크로 보는 관점에서 벗어나, 원화를 글로벌 전략 자산으로 전환시키는 디지털 통화 정책으로 인식해야 한다는 점이다.

화폐 민주주의, 그 시작점

화폐는 단지 지급결제 수단이 아니라 경제적·사회적 약속이다. 스테이블코인은 그 약속을 코드로 표현하고, 실시간으로 실행하며, 인간과 기계 모두가 참여하는 새로운 신뢰 시스템을 열어준다.

2030년, 우리의 디지털 지갑에는 법정통화와 함께 스테이블코인, 디지털화된 자산, 증권 등이 혼재할 것이다. 외환 거래, 구독료, 후원금, 공공 보조금이 실시간으로 자동 처리되고, 개인의 금융 행위와 국가의 행정 시스템이 하나의 네트워크에서 작동할 것이다.

스테이블코인으로 촉발된 화폐 패러다임의 전환은 이제 우리에게 묻는다. "화폐는 누구의 것인가?", "신뢰는 어디서 만들어지는가?", "다가오는 AI 시대에는 어떤 화폐를 사용할 것인가?", "이 전환의 시대에서 한국은 설계자인가, 수용자인가?"

《스테이블코인: 머니 리셋》은 그 질문을 향한 첫 번째 여정이다. 그리고 여정의 다음 페이지는, 독자 여러분의 상상력에 달려 있다.

스테이블코인: 머니 리셋
비트코인에서 시작된 궁극의 통화, 미래를 삼키다

초판 1쇄 발행 2025년 8월 19일
초판 3쇄 발행 2025년 9월 10일

지은이 정구태·박혜진·김가영·이동기·김호균·길진세
펴낸이 성의현
펴낸곳 미래의창

편집주간 김성옥
편집장 정보라
편집진행 조소희
본문 디자인 강혜민
마케팅 권장규·정명진·이건효

출판 신고 2019년 10월 28일 제2019-000291호
주소 서울시 마포구 잔다리로 62-1 미래의창빌딩(서교동 376-15, 5층)
전화 070-8693-1719 **팩스** 0507-0301-1585
홈페이지 www.miraebook.co.kr
ISBN 979-11-93638-80-4 (03320)

※ 책값은 뒤표지에 표기되어 있습니다.

생각이 글이 되고, 글이 책이 되는 놀라운 경험. 미래의창과 함께라면 가능합니다.
책을 통해 여러분의 생각과 아이디어를 더 많은 사람들과 공유하시기 바랍니다.
투고메일 togo@miraebook.co.kr (홈페이지와 블로그에서 양식을 다운로드하세요)
제휴 및 기타 문의 ask@miraebook.co.kr